# 小学校理科

# 探究的な学びのつくり方

## 子ども1人1人に
## 力をつける授業デザイン

吉金 佳能 著

JN032810

明治図書

## はじめに

　これまでの教師人生を振り返れば，探究を探究する日々の連続でした。

　私の学校の２代目校長である栗山重氏は「教えてはいけない，学ばせてもいけない，学びを支援することが教育だ」という言葉を残しています。

　この言葉に憧れ，探究的な学びを追い求めてきました。

　どんな授業をすれば，あの子が夢中になって学ぶのか。

　夢中とは，活動そのものが楽しいという次元ではなく，知的な楽しさを味わいながら物事を追い求めている様です。

　当然ですが，そこに正解はありません。しかし，この問いを追究する先には必ず「探究」という言葉がありました。

　正解がないからこそ，追い求める価値があります。

　私はこれまで，探究やPBL（プロジェクトベースド・ラーニング）に関する書籍を読み漁り，関連セミナーにも多数参加しました。

　同時に現場では，科学コンテストや多様なパフォーマンス課題なども取り入れながら授業研究を重ねてきました。

　そうして，研究と実践を積み重ねていく中で，見えてきたものがあります。本書では，小学校理科における探究的な学びについて，授業デザインという視点でまとめ，ベースとなる考え方と実践アイデアを掲載しています。

　探究における教師の役割は，「足場かけ」です。

　足場かけ（Scaffolding）という言葉は，探究を学ぶ中で出合った言葉ですが，とても素敵な言葉だと思っています。

教師の役割は，学習者に対し，一時的に学習の足場をつくり，学びを支援することにあります。

　そして，評価とは「隣に座り助言する」ことです。

　そのようなことを学び実践していくうちに，自身の教育観が大きく変わっていきました。探究的な学びを実践していく上で必要なのは，ノウハウだけでなく，そうした教育観の転換です。

　私は，いつしか「実験が成功する」「正しく実験する」等の言葉にも違和感を持つようになりました。実験は成功することが目的なのか，そもそも正しい実験とは何なのか。学びの在り方を，徹底的に学習者目線で考えることを繰り返してきました。

　本書は，ベーシックな理科授業の指南書ではありません。実践の一部を切り取ると，真逆のことが書かれているところもあると思います。

　本書が示す探究的な学びで目指すのは，「学習者1人1人の自立」です。

　学習者1人1人と向き合い，真の力をつけたいと思ったとき「探究」を学ぶ必要があります。

　本書は，小学校理科における「探究の入門書」の位置づけとして，極力シンプルにまとめました。定義やベースとなる型は示していますが，アレンジしやすいような形で掲載しています。

　読まれた方が探究的な学びを実践できるように，まさに「足場かけ」をイメージしてつくった書籍です。

　本書が，小学校理科における探究的な学びのアイデアブックとして活用され，読者の皆様の授業，そして子どもの学びが変わるきっかけとなれば幸いです。

吉金　佳能

## 1章　理科と探究

## 2章

# 探究的な学びのつくり方—理論編

3章

# 探究的な学びのつくり方—実践編

4章

# 学年別　探究的な学びの授業アイデア

**5章**

# 探究的な学びの授業デザイン

## 6章　科学コンテストのすすめ

## 7章　理科と探究　Q&A

# 1章

# 理科と探究

# 1
## 探究とは

人はどんな時に成長するのか。

この問いになんと答えますか。

私は，人が自己決定をし，責任を持って行動する時だと考えています。

人生において，経験は何よりも大切なことです。ただし，自らの意思を伴う経験でなければ意味を持ちえません。

特に子どもの場合，自己選択・自己決定・自己責任を伴う経験の数と質が成長に大きな影響を及ぼします。学校教育において，子どもが自己選択・自己決定する機会を増やすには，授業の工夫が求められます。

そうした子どもの自己選択・自己決定を最大化する学びこそ「探究」なのです。子どもが夢中になって取り組む中で，自然と自己選択・自己決定を繰り返し，学びを創る姿こそ，探究的な学びで目指す学習者の姿です。

### 本書における探究の定義

本書では，「探究」とは，「学習者が自己選択・自己決定する学び」と定義しています。「学び」とはそもそも学習者が主体であるべきものですが，「探究」はそのことをより強く示している言葉という捉えです。

何を学ぶのか，どこでどのように学ぶのか，学習の計画や意思決定の主体が学習者にある学びです。探究で目指すのは，「学習者の自立」です。

正確に言えば，「あの子の自立」なのかもしれません。探究は，個に焦点を当てた学びであるという認識が極めて大切となります。

# 2

# 理科と探究

　「習得・活用・探究」という言葉が出て10年が経過しました。2022年度からは，高校で「探究」が導入されるなど，「探究」がこれからの教育のキーワードとなりつつあります。

　探究のキーワードは，字のごとく「探る」と「究める」です。

　これが学校教育とフィットしないことは明らかでしょう。多くの学校には，じっくりと探る時間も，究める時間もありません。

　市川力氏（2021）は，探究を「見えないなりゆきを追いかける学び」と表現されています。探究は，明確なゴールのない学びと言えます。

　つまり，教師が普段行っている「ゴールから逆算して授業をつくる」ということが難しいのです。また，探究的な学びでは，活動が多様化し，個々のフォローも必要となります。そう考えると，学校教育では，ますます難しいように感じてきます。

　しかし，学校でこそ，答えのない，見えないなりゆきを追いかける学びを通して，不透明な時代を生き抜く逞しい子を育てたいという想いも持たれていることでしょう。

　探究は「Learning by doing.」，なすことによって学ぶ経験主義をベースに置いた学びです。

　観察や実験といった実体験をもとに，問題解決に力を入れる理科と相性がよいです。理科でやらなければどこでやるのでしょうか。

　**理科が学校教育における探究の核となって，様々な教科を巻き込みながら探究的な学びを展開**させていきましょう。

# 3

## 従来の理科学習は探究ではないのか

　チャールズ・ピアス氏（2020）は「理科の授業におけるハンズオン・アプローチは，理想的な指導法であるように見えるでしょう。教科書を読んだり，演示を見たりすることと比べると，ハンズオンの理科は，多くの教室により好ましい指導法に向けた改善をもたらしているように見えます。しかし，理科教育はもっと多くのものを含むべきではないでしょうか。」と指摘しています。

　例えば，6年理科「水溶液の性質」において，指示薬を使っていろいろな水溶液の液性を調べ，分類するという活動があります。これは探究的な学びといってもよいのでしょうか。

　決められた指示薬を使い，用意された水溶液の性質を調べて分類しているのであれば，それは「探究」ではなく「確認」です。教科書を開けば，調べ方も正しい結果も載っています。

　デューイは，「探究」を「不確定な状況を，確定した状況に，すなわちもとの状況の諸要素を一つの統一された全体に変えてしまうほど，状況を構成している区別や関係が確定した状況に，コントロールされ方向付けられた仕方で転化させることである。」と定義しています。

　**探究とは，自己選択・自己決定ある学びであるとともに，不確定な状況からはじまる学び**ということも意識しなければいけません。不確定だからこそ，プロセスにドキドキし，結果にワクワクし，夢中に取り組むことができるのです。もし，この水溶液の学習を探究的にやろうとすれば，大きな時間がかかります。こうした「確認」のプロセスは，実体験をベースにしながらも，なるべく効率的に学習を進め，その先に探究を描くことが大切です。

　教科書をベースにしつつ，時に教科書の課題をアレンジした問いをつくり，探究的な学びをデザインしていきます。

# 4
# 問題解決型学習と探究

　文部科学省は探究を，「問題解決的な活動が発展的に繰り返されていく一連の学習活動のこと」と定義しています（文部科学省『今，求められる力を高める総合的な学習の時間の展開（中学校編）』2010年）。

　理科で大切にしてきた「問題解決型学習」の連続が探究であると読み取ることができます。これまでの問題解決型学習を，より学習者中心にデザインすることで，学びに連続性が生まれ探究的な学びになります。探究は，平面的ではなく立体的な学びのイメージです。

　そうした探究的な学びでもっとも大切なことは，学習者が自立的に学ぶということです。学習者が自己選択と自己決定を繰り返しながら学ぶプロセスこそ探究なのです。

　そこには，**学校教育の枠を越えて「生涯学習」という視点での授業づくり**が欠かせません。

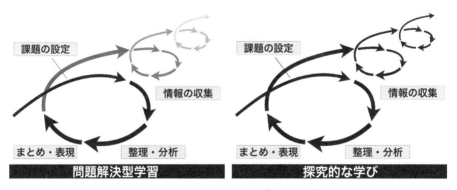

問題解決型学習と探究的な学びのイメージ図

# ＼5／
# 探究とPBL

　探究を語る上で切り離せないのが，探究とプロジェクトベースド・ラーニング（プロジェクト型学習，以下PBL）との関係です。PBLは探究ですが，探究＝PBLではありません。

　藤原さと氏（2020）は『「探究」する学びをつくる』の中で，下のような図解を出しています。藤原氏は同書の中で，もう一つのPBL，プロブレムベースド・ラーニングと言われる「課題解決型学習（問題解決型学習と同義）」にも言及しています。文字通り課題解決を目的とした活動です。

　ただ，どちらにも明確な定義はありません。どちらにも共通する概念が「探究」であるということです。強いて言えば，プロジェクト型学習は長期にわたる探究，課題解決型学習は短期間という事例が多いように感じています。

　**プロジェクト型学習も課題解決型学習も，理科で大切にしてきた問題解決をベースとした学習**です。本書ではプロジェクトとプロブレム，2つのPBLを軸に，小学校理科における探究的な学びについてまとめています。

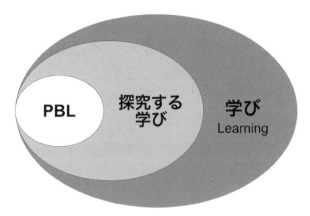

藤原さと（2020）『「探究」する学びをつくる』平凡社を参考に筆者作成

# \6/ 自由研究の自由に困る子どもたち

　私の学校では，6年生の最後の学習として「卒業研究」を行っています。1人1人がテーマを決め，そのテーマについて研究を進めて，卒業研究発表会で成果報告をします。言わば「自由研究」であり，6年間の総まとめとして，国語・算数・社会・理科・英語の教科横断型の授業として多くの時間数を確保して実施しています。自由研究こそ，探究的な学びの最たる例です。

　この活動を10年続けてきて，いろいろな子どもの様子を見ていますが，毎年一定数，なかなか進められない子が出てきます。

　そうした姿を見ていて思うのは，**0から1を創り出すのは，大人が思っている以上に難しく，そこには適切なスキルが必要**ということです。

　ビジネスの世界で「0から1を創り出す」と言えば，世の中になかったものを生み出すという意味で使われることが多いですが，ここではゼロから自分で学びを創り出していくという意味で使っています。問題を見いだし，仮説を立て，実験を通して検証していくプロセスです。当然ですが，問題の質は子どもによって変わります。大人から見れば当たり前のことでも，その子の中にはなかったことであり，そうしたことを起点に学びを創っていく経験が大切です。

　そうした経験に乏しく，スキルを身につけていない子たちにとって，自由というのはとてもハードルが高いのです。

　探究的な学びを実践していくことで，こうした自由研究を楽しめるスキルとマインドを育てることができます。

# \\7// 探究のプロセス

次の図は，学習指導要領解説「総合的な学習の時間編」の探究的な学習のプロセスです。

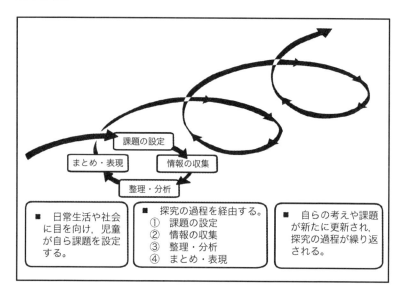

探究のプロセスは，課題の設定→情報の収集→整理・分析→まとめ・表現の４段階で示されています。スパイラル状に描かれているというのがポイントで，活動を進める中で考えや課題が更新され，この４つのプロセスを繰り返しながら学びを進めていくことが大切となります。

この**サイクルを回すためには，それぞれの学習プロセスを繰り返し体験し，必要なスキルを身につけていくこと**が求められます。

# \8/ 学校教育の問題点

　話を自由研究に戻します。自由研究の自由に困る子どものつまずきは，多くの場合，探究の４つのプロセスの「課題の設定」にあります。

　ここで問いたいのは，この４つのプロセス，そしてスパイラルをどれほど意識して日常の授業をつくっているのか，ということです。

　少し極端ですが，学校教育では，左の図のような構造になりがちなのではないでしょうか。最後に発表会などが控えていると，どうしても見栄えに意識がいき，「まとめ・表現」に多くの時間を割いてしまっているような姿を見ることがあります。

　そうした学習では，「課題の設定」はもちろん，「情報の収集」と「整理・分析」についての認識も甘く，集めた情報をそのまま，まとめているような姿も見られます。また，「課題の設定」に力を入れていないため，学習者が課題を自分事として捉えることができず，試行錯誤が生まれずに，スパイラルではなく，フローチャート的に進んでいってしまいます。目指すのは，右の図のようなプロセスです。

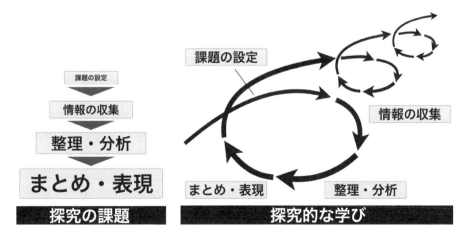

# 9

# 探究のプロセス
## ～「課題の設定」～

　探究の４つのプロセスでもっとも大切であり，もっとも難しいのは「課題の設定」です。当たり前ですが，主語は，学習者です。

　「課題の設定」といっても，全てを子どもに決めさせるということではありません。大きな課題は教師が授ける場合が多いでしょう。**大きな課題の中で，子ども１人１人が小さな課題を設定する**ことを通して，課題を設定する力を高めていくことが大切です。

　例えば，ある科学現象を見せ，そこから仮説を立てさせる場面を考えます。理科の場合，仮説を課題として活動を進めていきます。

　仮説を立てる場面において，まず大切となるのは，子ども１人１人が自分なりの考え（予想）を持つということです。そこがスタートラインなのです。合っているか間違っているかは大きな問題ではありません。**このスタートラインにすら立っていない子がいることが問題**なのです。

　次に大切なのは，予想の質を高め仮説（課題）としていくことです。

　そうした場面では，主に次の３つのような学習形態がとられます。

---

　①　全体で教師と子どもとのやり取りを通して，仮説を練り上げていく

　②　ペアやグループで意見交流しながら，仮説を練り上げていく

　③　子ども１人１人が立てた予想をもとに，活動計画を立てる

---

　①は，課題を設定するプロセスを全員で共有することができるので，型を身につける意味では有効な手段と言えます。②の場合は，子どもがより主体的に関わることができます。複線型となる③は，より責任感ある学びとなるでしょう。

①〜③どれも意味あるプロセスであり，優劣がつくものではなく，目の前の子に合わせて選択することが大切です。

　また，こうした課題設定の場面では，教科書に書いてある問いをそのまま使うこともしばしばあります。その時，子どもは「課題の設定」という探究のプロセスをスキップすることになります。スキップしたという認識は，探究的な学びをつくる上で重要なものとなります。

　大切なことは，教師が探究の4つのプロセスを意識し，選択した手段に偏りがないかを確認することです。

　教師は，自らの授業を振り返り，課題を与えるだけになっていないか，教科書の再現になっていないかどうか，点検することが必要です。

　いま示したのは，課題解決のための「課題の設定」です。自由研究に求められる課題設定スキルは，これだけでは語れません。

## 興味・関心を起点に課題を設定する

　「興味・関心」を起点に，課題を設定するという経験も必要になります。自分が日頃気になっていること，つまり，「やってみたい」という希望や「これは何だろう」という疑問，「これは違うと思うのだけど」という違和感などを課題として取り組む経験です。

　**子どもたちにとって，身近な教材ほど，そうした興味・関心が内在されています。**例えば，植物や動物の学習や環境の学習は，日常からいろいろな考えを持つことが多く，子どもの興味・関心をもとに課題設定しやすい学習です。空気や水，磁石や音なども同様です。

　そうしたことを意識しながら，バランスよく授業をつくっていくことが大切であり，そうした積み重ねが，子どもの課題設定スキルを高めることにつながります。

# \\10/
# 探究のプロセス
## 〜「情報の収集」と「整理・分析」〜

　自由研究のアイデアは思いつくけれど，どう調べたらよいかわからずに止まってしまうという子も存在します。

　そうした子は，アイデアを仮説にすることができないという「課題の設定」につまずいているか，その先の「情報の収集」や「整理・分析」の段階でつまずいているかのどちらかです。

　「情報の収集」とは，観察や実験を通して，データを集めることです。データとは事実のことです。理科の問題解決のプロセスで言えば，「観察・実験」と「結果」の場面にあたります。

　それに対して，「整理・分析」は「考察」場面です。この結果と考察を分けて捉え，それぞれのスキルを高めていくことがポイントとなります。

　集めた事実から何を見いだすか，どのような解釈をするのか，といったデータを整理し分析する「考察」のプロセスを，学習者1人1人が繰り返し体験することで，そのスキルを高めることができます。

　こうしたプロセスを，理科を学びはじめた3年生から繰り返し体験させることが重要です。

　「理科をはじめて学習する3年生は観察に力を入れ〜」のように学年で重点的に取り組む活動を決めている学校もあるかと思いますが，探究の4つのプロセスはセットなのです。輪切りにすると，スパイラルではなく，フローチャートになってしまいます。それが，日本の理科教育の大きな問題点だと感じています。3年生であっても，結果と考察を分けて捉えることはできますし，3年生なりに結果を整理し，分析することは可能です。

　**日常の授業で，探究の4つのプロセスを繰り返し体験させる中で，それぞれのスキルを高めていくことが重要**となります。

# \11/
# 探究のプロセス
## 〜「まとめ・表現」〜

　「まとめ」は，理科で言えば「結論の導出」となります。結果と考察より，科学的な視点を持って結論を導き出します。そして得られた結論をアウトプットする「表現」があります。

　結論の導出で大切なことは，科学的（実証性・再現性・客観性）ということです。実験の結果だけで納得いく結論が出せない時は，他者の結果や分析を聞いたり，書籍やサイトをもとに調べたりすることが必要です。自分のデータを時には批判的な思考で捉え，外部のデータまで広げながら総合的に結論を導くという経験を積むことが大切です。

　表現する段階では，自分の研究をいかにわかりやすく伝えるか，というスキルを学ぶことになります。理科では，同じ結論でも，視点を変えることで異なる表現ができます。また，理科では外部データを参考にしながら表現することも必要になります。次の文は，5年理科において，植物の種子の発芽の条件についてのレポートの中の一文です。

---

**例1**

　実験の結果より，植物の発芽には光は必要がないことがわかった。

---

**例2**

　実験の結果より，インゲンマメの種子の発芽には光は必要がないことがわかった。ただ，調べてみたところ，発芽に光を必要とする「光発芽種子」という植物もあるということがわかった。

---

　どちらが表現する力が優れているかは一目瞭然です。

# $\backslash 12 /$
# なぜいま，探究なのか

　探究も PBL も，決して新しい言葉ではありません。これまでも多くの研究と実践が重ねられてきました。では，なぜいま「探究」という言葉が注目されているのでしょうか。

## 1 主体的・対話的で深い学びを実現するため

　現行学習指導要領では，「主体的・対話的で深い学び」というスローガンのもと，子どもたちが主体的に学びに臨み，他者と協働しながら，様々な課題に向かう中で，自身の資質・能力を高めていくことを目指しています。
　「主体的な学び」「対話的な学び」「深い学び」，それぞれに必要な学びの要素が「探究」には含まれているのです。つまり，掲げた「主体的・対話的で深い学び」を実現するための一つのキーワードが「探究」となります。

## 2 子ども1人1人が主語の学びを目指すため

　「子どもが主語の学び」とよく言われますが，正しくは「子ども1人1人が主語の学び」を目指すことが重要です。
　1人1人の成長に目を向けた時，学び方が一律であってよいわけがありません。何をどのように学ぶか，学習者に選択権があることが大切です。1人1人の成長にフォーカスした**「学習者中心の学び」**こそ「探究」と言えます。
　政府も，「個別最適な学び」と「協働的な学び」の一体的な充実を掲げています。ここで目指す協働とは，他者とコミュニケーションを取りながら活動を進めるというレベルではなく，学習者1人1人が自立的に行動した上での協働であるという点がポイントです。

## 3 社会的要請

　経済産業省が2022年5月に発行したレポート「未来人材ビジョン」に，「意識・行動面を含めた仕事に必要な能力等」に対する考察が書かれています。

　以下の画像はレポートからの抜粋です。社会に求められる能力の変化がよくわかります。2050年に求められる能力の1位と2位は「問題発見力」と「的確な予測」です。3位の革新性については，「新たなモノ，サービス，方法等を作り出す能力」と注釈が書かれています。**2050年に求められるスキルは，探究で獲得を目指すスキルそのもの**です。

### 能力等に対する需要の変化

| | 2015年 | | 2050年 |
|---|---|---|---|
| 1 | 注意深さ・ミスがないこと | | 問題発見力 |
| 2 | 責任感・まじめさ | | 的確な予測 |
| 3 | 信頼感・誠実さ | | 革新性 |
| 4 | 基本機能（読み、書き、計算、等） | | 的確な決定 |
| 5 | 柔軟性 | | 情報収集 |

経済産業省（2022）「未来人材ビジョン」を参考に筆者作成

　探究的な学びを通して，実践的な学びの中でスキルを磨くことが必要とされているのです。

## 4 学校で「公正」を実現するため

　PBL で有名な米国のハイ・テック・ハイの筆頭理念は「Equity（公正）」であると言います。藤原さと氏（2020）は「ハイ・テック・ハイがいう『公正』とは，『誰もが，人種や性別や，性的な意識や，身体的，もしくは認知的能力にかかわらず，同じように価値ある人間だと感じることができること』である。」としています。次のイラストは，「Equality（平等）」と「Equity（公正）」についてのイメージです。

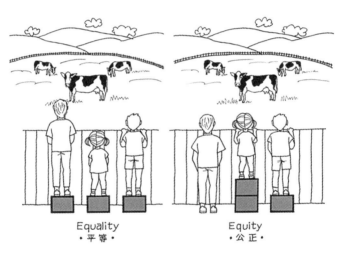

Equality
・平等・

Equity
・公正・

　これまでの学校教育のベースにあった**一律の平等から脱却し，子ども１人１人に応じた支援，学びの選択肢を提供する**という考え方が求められています。これを，「同調圧力からの脱却」という表現をされる方もいます。私がもっとも共感する理由もここにあります。

　本書は，小学校理科における探究的な学びをつくるためのフレームワークや具体的なアイデアといったノウハウが中心ですが，根底には「公正」という考え方があり，探究を通して子ども１人１人の成長を支援したいという想いがあります。

# \13/
# 探究で得られるもの

探究的な学びで得られるものは，経験に裏打ちされた知識・技能だけではなく，探究のプロセスを回す経験や多面的・多角的に考えるといった思考方法，また失敗を恐れずチャレンジするというマインドなど，多くのものがあります。25頁でも書いているような，これからの時代を生き抜くために必要な資質・能力も探究で獲得を目指すものです。

では，理科という教科に絞って考えた時，探究で得られる特徴的なものは何でしょうか。それは，科学リテラシーです。**理科における探究は，科学リテラシーの育成に大きく関係します。**

人が意思決定をする際，ある程度の科学リテラシーがないと，正しい判断をすることが難しくなります。本書のポイントとしている「自己選択」と「自己決定」の間には，「自己判断」があります。

理科における探究的な学びを通して，科学者が行っている活動を体験する中で，科学リテラシーを高めることができます。

またそうした学びを通して，学習にポジティブな感情を持つことも重要です。楽しいから試行錯誤が生まれます。そして，試行錯誤を繰り返す中で「自分は難しそうな活動でも取り組むことができる」という自己効力感を持つことができます。探究的な学びでは，そうした非認知能力も高めることができます。

ここにあげたものは，探究で得られるものの一部です。

探究では，そうした資質・能力の育成だけではなく，「公正」という文化を醸成させることにつながったり，集団の心理的安全性を高めたりという効果も期待できます。探究には，これまでの学習にはない，大きな魅力と可能性があります。

# 探究とアクティブ・ラーニング

　「アクティブ・ラーニング」という言葉が流行った時，理科は実体験をベースにするからもともとアクティブ・ラーニングだよね，ということをしばしば耳にしました。

　しかし，活動がアクティブになっていても，思考がアクティブになっているとは限りません。昔から何度も指摘されてきた「活動あって学びなし」，つまり「這い回る経験主義」です。アクティブ・ラーニングは学習に対する考え方であり，子どもが能動的に学ぶ姿を目指した言葉です。

　では，アクティブ・ラーニングと探究は何が違うのでしょうか。

　学習者に学びの選択権が保障されているか，いないかだと思っています。探究は，学習者が自己選択・自己決定を繰り返しながら学びを進める活動です。学習者１人１人に学びの選択権が保障されています。

　一方でアクティブ・ラーニングは，学習者が能動的に学習することを目指した考え方であり，学習者に学びの選択権が保障されていません。

　つまり，**活動志向の授業＝探究ではない**，ということに注意が必要です。

　理科では有名な「謎の水溶液」や「謎の白い粉」などのパフォーマンス課題がありますが，同じ理由でパフォーマンス課題＝探究ではありません。

　もちろん，扱い方によっては探究的な学びにもなりますが，教師が意識したいことは，探究の４つのプロセスを学習者１人１人が体験し，スパイラル的に学習を進めていけるか，という点です。

　探究は，アクティブ・ラーニングよりも高次の学習活動になります。そこには，緻密に計算された授業デザインが求められます。

# 2章

## 探究的な学びの
### つくり方—理論編

# \\1// 探究を教えるというパラドックス

　探究を教える，探究させる，探究を導入する，探究の型を学ばせる。

　このような言葉に違和感を覚える方は多いでしょう。

　実際に，探究を意識してつくられた授業を参観すると，さらにモヤモヤすることもあります。私は，「探究」と名のつく実践発表に，これまで数多く参加してきましたが，どうしても「探究のための探究」に見えてしまうことがありました。

---

子どもが主体的に取り組んでいるのか？
本当に子どもがやりたいことなのか？
子どもに選択権があるように見えて，結局は強制なのではないか？

---

　そうした学びを「やらされ探究」「見せかけ探究」「探究風」などと揶揄される方もいます。

　**このパラドックスを紐解くための鍵は「楽しさ」**です。

　やらされ感の強い学びに共通するのは，子どもが楽しんでいないということです。楽しく学ぶ，というのは学びの原点です。もちろん，より深い学びにつなげるために，活動そのものが楽しいという次元ではなく，知的な楽しさを追究する必要があります。

　そのためには，探究の考え方をベースにした授業デザイン，そして教師の支援が必要です。この章では，探究的な学びのつくり方についてまとめていきます。

# \\ 2 // 探究的な学びのつくり方

## 発散と収束

　通常の授業のイメージは右図です。

　多くの授業は，「発散と収束」を意識してつくられます。問いやテーマに対して，いろいろなアイデアを出す発散の段階と，アイデアを必要な見方・考え方を働かせながら，まとめ・整理していく収束の段階です。

　教師は，最終的にどのように収束してほしいのか，という結論と収束のプロセスをイメージして授業をつくります。実際の授業では，「発散」よりも「収束」により多くの時間を使うことが大半です。

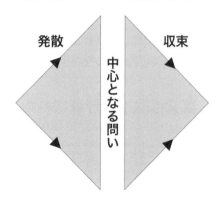

　一方，探究的な学びでは，「発散」の段階が重要になります。探究の４つのプロセスで言うところの「課題の設定」です。十分に発散させているからこそ，子ども１人１人に目的ある問いが生まれ，活動を自分事化できます。発散する中で，何となく気になったものや他のものとの違いが見えてきます。それが探究の種となります。探究的な学びでは，発散のプロセスを十分に意識した授業をつくることが求められます。

　**時には，「100％発散で終わる覚悟」が必要**となります。教師のマインドセットも変化させていかなければなりません。

## 遊びと学び

探究の種を見つける発散の段階は，外から見ればもしかしたら「遊び」に見えるかもしれません。遊んでいるだけだと言われるかもしれません。

では，「遊び」と「学び」は何が違うのでしょうか。

そもそも，遊びと学びの違いを判断するのは，誰なのでしょうか。

多くの場合，判断するのは大人です。発散だけで終わるものを「遊び」，収束して何らかの目に見える情報にまとめられたものを「学び」とする傾向が強いような気がしますが，遊びか学びかを区別すること自体ナンセンスです。

それを区別したからといって，子どもの力にはなりません。

**大切なのは，遊びをより知的な遊びに変える教師の仕掛けであり，子ども1人1人の力とする授業デザイン**です。

## 探究は緻密に計算された学び

探究＝自由，つまり非構成型の学び（教師が構成するのではなく，学習者が学びを構成するという考え）というようなイメージが先行し，子どもに任せることが探究だ，というような授業を見かけることがあります。

子どもに探究に必要なスキルとマインドが身についていれば，任せてもできるかもしれません。しかし，小学校という段階において，多くの場合そうではありません。逆に，教師がレールを敷きすぎる授業も見かけられます。子どもは様々な体験を行いますが，そこに子どもの意思決定はなく，結局はレールの上を走っているというような構成型の学びです。活動が目的化された，いわゆる「這い回る経験主義」です。

任せるだけではダメ，決めすぎるのもダメ。

だからこそ，探究のベースとなる考え方を学ぶ必要があります。

探究は，実は緻密に計算された学びなのです。

# ＼3／
# 創造を学びの中心に

　どうすれば，やらされ感のない，１人１人に力がつく，真正の探究ができるのでしょうか。それは，探究の土台に「創造」を置くことです。小学校理科において，探究的な学びをつくる最大のキーワードは「創造」です。

**Learning by doing.　　（なすことによって学ぶ）**

**Learning by creating.（つくることによって学ぶ）**

　小学校理科における探究は，観察や実験，そしてものづくりといった実体験をベースに活動をつくることがポイントです。

　実体験があるから楽しい，実体験があるからこそ調べ学習に閉じない試行錯誤ある学びが生まれ，探究のスパイラルを駆け上がることができます。

　近年注目されている「STEAM 教育」の根底には，Tinkering（ティンカリング）という概念があります。ティンカリングとは，いじくり回すと訳されます。たくさんの失敗を通して，壊すことを恐れないマインドと様々なスキルを伸ばしていくという考え方です。

　**学習者１人１人の試行錯誤を生むためには，アイデアや製品を創り出すという「創造」をベースに学びをつくることが重要**です。

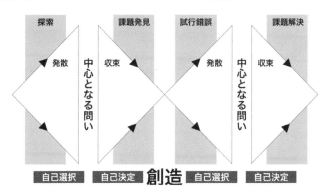

発散・収束思考から考える探究的な学びのイメージ（ダブルダイヤモンドモデルを使用して筆者作成）

# \\ 4 // 探究的な学びのフレームワーク

　探究にはいろいろなフレームワークがあります。フレームワークとは，共通して用いることができる考え方や枠組のことです。型と言い換えることもできます。探究的な学びにおける「学習者視点のフレームワーク」は，下図です。探究の４つのプロセスそれぞれに自己選択・自己決定があり，理科の見方・考え方を働かせながら試行錯誤していく様子を表しています。

　そうした体験を概念形成へとつなげるのが探究で目指す学びとなります。

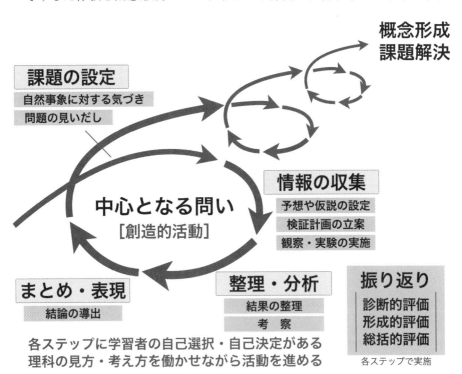

概念形成
課題解決

**課題の設定**
自然事象に対する気づき
問題の見いだし

中心となる問い
[創造的活動]

**情報の収集**
予想や仮説の設定
検証計画の立案
観察・実験の実施

**まとめ・表現**
結論の導出

**整理・分析**
結果の整理
考　察

**振り返り**
診断的評価
形成的評価
総括的評価

各ステップに学習者の自己選択・自己決定がある
理科の見方・考え方を働かせながら活動を進める

各ステップで実施

# ＼ 5 ／
# 探究的な学びの授業デザインフレームワーク

　ここでは，教師が探究的な学びをつくる際に必要となる，授業デザインのためのフレームワークを提案します。こうしたフレームワークは，様々なものがありますが，本書では極力シンプルに，小学校理科における探究的な学びにフォーカスしたフレームワークを示します。

## 探究的な学び 授業デザインフレームワーク

### プロジェクトの名前

| 中心となる問い | | 診断的評価 |
|---|---|---|
| □ 本質的な問い<br>□ 挑戦的な問い<br>□ 体験的な問い | | |

| 活　動 | | 形成的評価 |
|---|---|---|
| □ 教材・ツールの選択<br>□ 活動形態の選択<br>□ 振り返りの実施 | | |

| アウトプット | | 総括的評価 |
|---|---|---|
| □ プレゼンテーション<br>　プロダクト<br>□ 発表会や展示会の実施 | | |

**学習を通して身につけさせたい知識・技能／資質・能力**

　探究的な学びの授業デザインに必要な要素は，**中心となる問い，活動，アウトプット，評価の4つの要素**となります。4つを意識して授業をつくることで，探究的な学びを生み出すことができます。

# \ 6 /
# 探究的な学びの授業デザイン
## ～「中心となる問い」のつくり方～

　探究的な学びをつくる上で，もっとも大切なのが，授業デザインの核となる「中心となる問い」です。この問いをもとに，子どもたちの活動をデザインします。中心となる問いに必要なのは以下の3つの要素です。

### 1 本質的であること

　「本質的な問い」とは，その単元の学習及び関連事項の中核に位置する問いであり，子どもの発達段階に合った，既有知識・関連体験との関わりの中で学ぶ意義がある問いのことです。学習指導要領とリンクしていることも大切です。一見すると，単元の学びとは関わりが薄そうな問いであっても，実際に取り組むことで，ねらいとしている概念形成に迫ることができるような問いが理想です。

### 2 挑戦的であること

　子どもにとって価値ある問いか。価値ある問いというのは，子どもが挑戦したいと思える問いかどうかということです。これは，問いの質もそうですが，その問いをどのような文脈で提示するかも大切な要素となってきます。
　例えば，5章で紹介している5年理科「物の溶け方」では，「水と食塩水を見分ける方法を考えよう」という中心となる問いを設定しました。しかし，これだけ聞くと，挑戦的な問いには思えません。
　このような**ありきたりな問いであっても，その先の活動を工夫することで，探究的な学びを生み出す問いに変化させる**ことができます。

この例で言えば，以下３つの工夫をすることで，挑戦的な問いとすることができました。この実践の詳細は５章をご覧ください。

## ①条件を制限する
- はじめに出されたアイデアは使えない
- １人１人違うアイデアを創り出す

## ②活動形態とアウトプットを工夫する
- グループではなく「個別」の活動とする
- アウトプットを30秒動画とし，個人で提出することを求める

## ③提示の工夫
- 「みんなの説〜水と食塩水編〜」という名前をつけてプロジェクト化する

答えが１つでない，オープンエンドの問いであることも挑戦的な問いの条件となります。

## 3 体験的であること

理科において，何よりも大切なのは「Learning by doing.」，なすことによって学ぶ，ということです。実体験をベースに学習活動をつくります。実体験とは，観察や実験といった五感を使った活動を伴う体験のことです。特に自然体験は，極めて重要です。

**まずやってみる，感じてみる。そうした時間を十分に保障し，その先に探究を描くことが大切**です。五感を使うことで思考がフルに働き，創造をゴールに置くことで試行錯誤が生まれます。そうした体験をベースにした問いをつくる必要があります。

体験的であることについて，さらに次の４つの条件を兼ね備えている体験を考えることで，より探究に適した問いをつくることができます。

```
1   安全が保障されている
2   実験が多様化する（試行錯誤が生まれる）
3   身近な（簡素な）材料でできる
4   定量的な実験
```

　この４つの条件は，子どもが自ら活動をつくっていく上で，欠かせないものとなります。４については，定性的な実験より定量的な実験，つまりデータで語ることのできる実験の方が，より深い学びへとつながります。定性的な実験に閉じてしまうと，理科学習には欠かせない「科学的に歩む」という視点が欠けてしまうことがあります。

　科学的とは，「実証性・再現性・客観性」の３つの言葉で説明されます。

```
「実証性」　観察・実験によって仮説を検討できる条件
「再現性」　同一実験条件の下では同一の結果が得られる条件
「客観性」　事実に基づき客観的に認められる条件
```

　科学的という概念については，教師だけでなく，学習者も理解している必要があります。中心となる問いでは，「～を科学的に明らかにする」という文脈をよく使います。私は，子どもへは次のような言葉を使って説明し，都度確認するようにしています。

```
「実証性」　観察や実験で確かめることができる
「再現性」　誰がやっても同じ結果になる
「客観性」　みんなが納得する
```

　探究的な学びをする際には，科学的かどうかという視点で学びを振り返ることが重要になってきます。

## 価値ある問い・課題設定は教師の仕事

　中心となる問いをつくるのは，多くの場合，教師です。小学校理科において，子どもが本質的な問いをつくることは難しいです。

　問いづくりにおいて明確にしておきたいことは，中心となる問い＝学習者の課題，という点ではないということです。

　**中心となる問いは，言わば大きな課題であり，そこから子ども1人1人が小さな課題を見いだしていく**ことになります。つまり，問いを生む問いこそが，理想的な問いであると言えます。

　学習者が問いを持つことを目的としているので「中心となる問い」と呼んでいますが，私は必ずしも「問い」の形にはこだわってはいません。学習者が問いを持つことが何よりも重要なことです。

　Ａ「どうすれば水と食塩水を見分けることができるのだろう？」
　Ｂ「水と食塩水を見分けるアイデアを考えよう！」

　ＡもＢも，本質的には同じことを問うていますが，受ける印象は変わると思います。本書では，どちらも「中心となる問い」としています。しっくりこない方は，「課題」と読み換えていただいても，大きな問題はありません。

　また，本来「問い」の前には，「テーマ」というカテゴリーの枠もありますが，本書は小学校理科という教科の中で探究的な学びをつくることを目指したため，テーマ選択については基本的には教師が行うという前提でまとめています。本音を言えば，テーマ選択から子どもが行うような学びも必要だと思っています。0から1を創りだす体験は重要です。学校教育の中にも，例えば年に1度「探究月間」のような形で，この期間の午後の時間は自分の好きなことについて研究を進めるというようなカリキュラムができるとおもしろいと思っています。

## 中心となる問いのつくり方　まとめ

# 中心となる問い

▶ **本質的** | 学習事項の中核に位置する問いである

▶ **挑戦的** | 学習者にとって挑戦したいと思える 価値ある問いである

▶ **体験的** | 観察や実験といった五感を使った活動を伴う 体験をベースにする問いである（創造を意識する）

1　安全が保障されている
2　実験が多様化する(試行錯誤が生まれる)
3　身近な(簡素な)材料でできる
4　定量的な実験

科学的に歩む

「中心となる問い」は、学習者が探究のスパイラルを駆け上がるための核となるものである。大切なことは、中心となる問いから学習者1人1人が問いを見いだし、主体的に学びを進めていくことにある。必ずしも問いの形にこだわる必要はなく、子どもがワクワクするような提示の仕方を考えることが大切である。

**例** | どちらもOK！大切なのは 学習者が問いを持つこと 創造的活動へつなげること ▶ どうすれば水と食塩水を見分けることができるのだろう？ ▶ 水と食塩水を見分けるアイデアを考えよう！

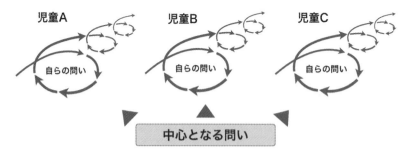

問いの具体的なアイデアについては，4章にまとめています。

# 7

# 探究的な学びの授業デザイン
## ～活動のつくり方～

　中心となる問いが決まれば，その問いをどのように展開していくか，実際の活動をイメージしながら授業をデザインしていきます。

　実際には，問いと活動とアウトプットはセットです。問いをもとに，どのような活動を何時間程度させて，どのような形でアウトプットをさせるのかの大枠を決めなければいけません。

　活動で大切なのは，「教材」と「学習形態」の選択です。

　教材については，子どもにとって身近で安全に扱えるものであり，何より工夫をしやすい教材がベストです。教材についての具体例は，4章と5章をご覧ください。

　ここでは，「活動形態」について考えていきます。探究的な学びにはどのような学習形態が適しているのでしょうか。個別かペアか，グループか一斉か。オンラインも活用すれば，さらに選択肢が増えます。

　探究的な学びにおいて，メインの活動形態となるのは「グループ学習」と「個別学習」です。それぞれのメリット・デメリットについて整理します。

## グループ学習

　小学校理科における基本は，グループ学習です。3～4人で班を構成し，グループで実験を進めることが多くなります。そこには，理科室の机構成の問題，実験器具の数や準備の問題という背景もありますが，基本はグループ学習というのはよいと思っています。

　小学校理科は，その特性ゆえ，グループワークの体験の場としても重要な役割を持っているからです。

実体験をベースにすることでコミュニケーションが生まれやすく，また成果が目に見えてわかり，達成感を共有しやすいからです。実社会では，コミュニケーションを取りながらチームでプロジェクトを進める力が重視されていることからも，グループ学習はとても大切な活動だと言えます。

しかし，デメリットもあります。グループ学習をすると良くも悪くも，役割分担をしながら活動を進めることになります。役割分担をすると，どうしてもフリーライダー（主体的に関わらずに，流れに身を任せてしまう状態の子）が発生しやすくなります。教師がそれを見取りながら，学習をサポートしようにも限界はあります。また，子ども同士でフォローし合いながら，というのは理想ではありますが，実際には表面的なフォローで終始してしまっていることが多いです。他者が思考のフォローをすることは極めて難しいのです。そう考えると，グループ学習というのは，学習者1人1人の自己選択と自己決定を保障することが難しい学習形態であると言えます。

## 個別学習

1人1人が活動の責任を持ちながら進めていく学習形態です。準備，実験，片付けと基本的に個人で動き進めていきます。メリットは，学習者1人1人の自己選択・自己決定を最大化できることです。活動の全ての責任を持ちながら学習を進めるため，自分が学びの主体者であるという意識を高めやすい学習形態です。

一方でデメリットは，格差が生まれやすいということです。課題や教材が適当でないと，それこそ活動あって学びなしの状態に陥る子が出てきます。子どもの育ちも関係しますし，何より教師側にある程度の経験が求められます。実験が多様化する場合など，教師側の準備が大変ということも大きなデメリットでしょう。

## 学習形態をデザインする

　学習形態を考える際，「グループワーク＝コミュニケーション」という構図をされる場合がありますが，個別でもコミュニケーションは可能です。

　むしろ，コミュニケーションの質にこだわった場合，個別で活動し，学習者1人1人が同じ土俵に立った上でコミュニケーションさせた方が，質の高いものとなることは往々にしてあります。

　学習形態は1つと決まっているわけではなく，使い分けること，組み合わせることが重要となります。

　理科の場合，実験器具の数が限られる実験や，安全を担保できない実験の場合は，どうしてもグループ学習になります。

　**理科学習では，グループ学習をベースにしつつも，個別でできそうな活動の時は，積極的に個別学習を選択**してみてはいかがでしょうか。

　例えば，実験はグループで進め，最後のアウトプット（レポートや動画制作）は個別で作成し提出するといった方法です。

　活動もグループ，最後のアウトプットもグループでのプレゼンテーション，というのはあまりにも安易です。

　グループ学習を選択しても，その中に意図的にペア学習や個別学習を取り入れることが重要です。目の前の子を見取り，都度ベストな選択肢を探っていきます。大切なことは，学習者1人1人が「自立的に学ぶ」ということです。

# 探究的な学びにおける学習形態の種類と特徴

## 学習形態の種類と特徴

一斉

学習者へ効率よく伝達することができる。
ガイダンスの場面において、課題やルール、スケジュールなどを共有するのに最適。また、問いや課題を焦点化していく場面や実験結果を共有する場面などでも有効。そうした中で、学習者の持つ多様な見方・考え方が共有されていく。

### グループ

コミュニケーションが生まれやすく、メンバーの相互作用が、活動に影響を与える。
そうした中で他者意識を高め、コミュニケーション能力などの非認知能力を高めることができる。
一方で、活動を役割分担することで、個々の体験と思考に差が生まれることに注意。

### 個別

自己選択・自己決定・自己責任が生まれやすい。
学習者が意思決定を繰り返しながら、自分のペースで学習を進めることができる。
個別学習を適切に取り入れることで、より質の高いコミュニケーションにつなげることもできる。
個別＝孤独ではないことに注意。
＊理科ではどうしてもグループ学習が中心になるので、個別で進められそうな学習では、積極的に選択したい。

**適切に組み合わせることで　　より高次の協働が実現できる**

ペア

個々のアウトプットの量が最大化する。
特に「話す」アウトプット場面で有効。振り返りの場面、フィードバックの場面では積極的に選択したい。

１授業時間の中でも複数の形態を選択する。
選択するのは教師であり、時に学習者であることが大切。

# \\8// 探究的な学びの授業デザイン
## ～アウトプットのつくり方～

　探究的な学びでは，学びの成果を発表する公の場をつくることが必要です。レポートや製品などの成果物をつくった場合は，それらを展示できる場を設けます。そうした中で，成果物が議論の対象となり，批評され，適切なフィードバックを受けることが学びを深めることにつながります。

　理科学習における探究的な学びのアウトプットは，大きく２つに分類することができます。「プレゼンテーション」と「プロダクト」です。

## アウトプット「プレゼンテーション」

　プレゼンテーションは，情報伝達の一つの手段です。自分の学びについて情報をまとめ，様々な形で他者に伝えます。

| 形　式 | 口頭発表 | ポスター発表 | 動画発表 | 他 |
| 単　位 | 個別 | ペア | グループ | 他 |
| 場　所 | 対面 | オンライン | | 他 |
| 対　象 | 教師　保護者　在校生　一般　専門家 | | | 他 |
| 形　態 | TED形式 | ポスターセッション形式 | | 他 |
| 媒　体 | スライド　レポート　ポスター　動画 | | | 他 |

＊ポスター発表は、ポスターやレポートを校内やサイト、オンライン掲示板に掲示する発表形式。
＊動画発表は、動画をサイトやオンライン掲示板に掲載する発表形式。

プレゼンテーションの種類

ICT 機器を使うことで，多様な選択肢を得ることができるようになりました。何を選択するのか，その組み合わせとバランスが大切です。

また，誰に向けて発表するのかという対象も重要です。

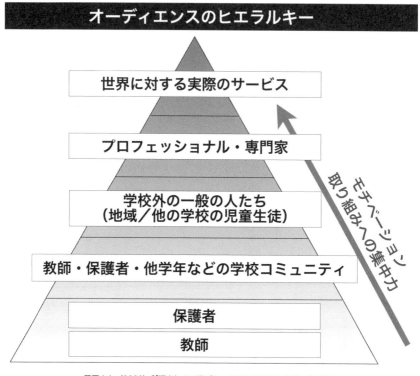

藤原さと（2020）『「探究」する学びをつくる』平凡社を参考に筆者作成
＊元データは「Hierarchy of Audience, EL Education」

プレゼンテーションする相手を決めることで，学習者のモチベーションを高めることができます。もっと言えば，研究そのものを誰かのために行うというデザインにすることで，より責任感ある学びとなります。人は誰かと想いを共有しながら学ぶ時，大きく成長することができます。

# ポスターセッション形式

　プレゼンテーション形式のアウトプットにおいて，個人的な**おすすめは，個別で行うポスターセッション形式の口頭発表**です。

　ポスターセッション形式といっても，実際には，ポスターではなくタブレット端末を使います。タブレットでまとめた情報（スライドやレポート）を相手に提示しながら，口頭で説明をしていきます。具体的な方法を，2つ示しておきます。

## ①同時にクラスの半数が発表者となる方法

　ペアを組み，互いにプレゼンし，フィードバックし合います。
　それを1セットとし，ペアを替えて何セットかを行うという方法です。
　保護者や外部の参観者がいる場合は，全員が発表者となり，外部の方にプレゼンをしましょう，とするのも効果的です。

## ②同時にクラスの1/4が発表者となる方法

　座っている班で1人発表者を決め，他の人に対してプレゼンをします。聞いた人は，発表者へのフィードバック（直接伝える／付箋紙に書いて渡す／デジタルで行う等）をします。それを4人班ならば，4セット行います。ただ，この方法だと結局1回しかプレゼンを行うことができないので，班という縛りをなくして，自由に聞いてまわる方法の方が効果的です。それぞれの机に発表者がいて，人が何人か集まったらプレゼンをするという方法です。時間で区切って4セット行えば，全員が複数回のプレゼンを経験することができます。保護者や外部の参観者がいる場合もこの方法は，大変有効です。

個別で行うことで，自己責任が生じます。ポスターセッション形式にすることで，複数回チャレンジすることができ，フィードバックもたくさん得られます。大勢の前で話すことが苦手な子も，ガヤガヤした空間で少人数相手なら話しやすいです。そうした中で経験を積み，プレゼンテーション力を高めていきます。

## TED 形式

特別感，そして緊張感ある場づくりということで，TED 形式も有効です。TED 形式とは，会場内の全参加者が 1 人もしくは 1 グループのプレゼンを聞くような形式のプレゼンテーションのことです。そうした特別な状況でしか体験できないこともあります。

ただ，TED 形式は準備が大変な上に時間が掛かります。個人単位で行うと，どんなにいい発表が続いても，どうしても間延びしてしまい，参加者の集中力と場の緊張感が薄らいでしまいます。児童数にもよりますが，個人で行う場合は，会場を複数に分けたり，日を分けたりするなどの工夫も必要でしょう。TED 形式のプレゼンテーションの最大の特徴は，良くも悪くも 1 回しかチャンスがないということです。それを活かして成長する子もいれば，結果的に後悔が残ったという子もいるでしょう。グループで一生懸命発表を準備してきたのに，本番にタブレットの操作ミスやトラブルがあり，うまく

できなかった，セリフを忘れてしまった。そうしたことは往々にして起こります。それも経験だというのは簡単なのですが，できることであれば，そうした経験をすぐに活かして再挑戦できる場を用意してあげることで，子どもはさらに成長します。

# アウトプット「プロダクト」

　プロダクトというのは海外の PBL などでよく使われる言葉で，「製品・商品」を意味します。具体物をつくることをプロジェクトのゴールに置くのです。

　例えば，「図鑑」です。図鑑をつくることをゴールに，生きものを観察しながら学びを進めていきます。個人的には，「動画制作」をゴールに置くことも多いです。自分の研究を説明するための動画制作は，プレゼンテーションに分類していますが，そうではなく，例えば6年理科「水溶液の性質」において，学んだ知識を使った「おもしろいサイエンスムービー」をつくることをゴールに置いたプロジェクトを行ったことがあります。

　そうした具体物をつくるプロジェクトは，学習者が自己選択・自己決定を繰り返しながら試行錯誤する学びになりやすいです。

　具体物として他者へ提示でき，質の高いフィードバックを得やすく，大きな達成感へとつなげることができます。

| | | |
|---|---|---|
| ・図鑑をつくる | ・マップをつくる | ・ポスターをつくる |
| ・新聞をつくる | ・サムネイルをつくる | ・パンフレットをつくる |
| ・インフォグラフィックをつくる | | ・カレンダーをつくる |
| ・マインドマップをつくる | ・アニメーションをつくる | |
| ・動画をつくる | ・サイトをつくる | ・4コマ漫画をつくる |
| ・実験を開発する | ・モデル実験装置をつくる | |
| ・新製品を開発する | ・バズるツイートをつくる | |
| ・ボードゲームをつくる | ・パズルをつくる | |
| ・あそびをつくる（フィールドビンゴなど） | | 他 |

プロダクトの例

# 9
# 探究的な学びの授業デザイン
## ～評価～

　研究会等では，探究的な学びの話になると，必ず評価の質問がなされます。こういった学びの評価は，単純に点数化できるものではありませんし，教師の評価だけでなく，学習者による自己評価という視点が不可欠になります。我々教師は，探究的な学びをはじめるとき，評価についての価値観を大きく変えなければいけません。

　『人はみな才能がある。しかし魚を木登りで評価したら，魚は自分のことを無能だと思って一生を過ごすことになるだろう』　Albert Einstein

## 評価を問う

　山﨑智仁氏（2021）は「評価」について，以下のように説明されています（一部抜粋）。

　「評価」ということばは，英語では「アセスメント（Assessment）」ということばに対応します。アセスメント（Assess）の語源は，オックスフォード英語語源辞典によると "sit by"，日本語で言えば「隣に座る」という意味です。元々の意味は私たちが思うような「成績をつける」とは少し違い，むしろ判断のための手助けとなる「隣に座り助言する」ことがアセスメントであるといえます。

　例えば「ベンチに生徒と座る」ことをイメージしてみましょう。そうすれば，教壇から「対峙する」生徒とは違った像が見えてくるはずです。あなたには，生徒の横顔と，生徒が見つめるその先を一緒に見ることができ，まさに生徒の判断を助けるために，助言する立場となりかわっているはずです。それは，生徒の「現状」を見極めて伝えると同時に，これからやってくる「未来」を共に見据えて，共に考えることともいえるでしょう。

　「評価」とは「隣に座り助言する」こと。「値踏み」などではなく，相手とどのような関係をつくり，相手にどのような眼差しを向けるかが，評価における重要なポイントであると「アセスメント」ということばが教えてくれるのです。　　　　　　　ブリッジラーニングウェブサイトより

　このように，評価は成績をつけるためだけのものではない，という考え方が必要です。学習者の自立をサポートするために行うのです。学習者中心の評価が必要となります。

　**探究における評価は，子どもの活動を価値づけ，後押しするようなフィードバックを原則とすべき**でしょう。

# ブルームの３つの教育評価

　以上のような考えをベースに，ブルームの３つの教育評価をもって，探究的な学びに必要な評価について整理します。

## 1 診断的評価

　診断的評価は，探究的な学びの導入場面で行う評価です。

　学習者の既有知識や関連体験を起動させ，学びへのイメージを膨らませます。学習者が自己の状態を知ることで，学びに向かう力を高め，また学習していく中で自己の変容をとらえやすくします。

　教師にとっては，学習者の状態を把握するという目的もあります。それが授業デザインのヒントになったり，個の支援の手掛かりになったりします。

　例えば，磁石について学習する場面で，「磁石について知っていること」というブレインストーミングを行います。これは，教師と子ども，全体でやり取りしながら進めてもよいですし，実際にノートに書かせてもよいでしょう。そうした中で，知っているつもりだったけど意外と知らないことに気がついたり，新たな疑問が生まれたりします。実際に，例えば「Ｓ極よりもＮ極の方が強い」という発言があると，それを自信持って否定できる子はほとんどいません。そうして，子どもの既知を未知に変えるのも教師の仕掛けの一つです。

　診断的評価の具体的な方法は，ブレインストーミングやテーマについての対話，または事前テストなどが考えられます。テストといっても，クイズ大会のようなものでも構いません。

## 2 形成的評価

　形成的評価は，探究的な学びにおいて学習者の試行錯誤を支える評価となります。形成とは，学習者の学びを「形づくる」イメージです。学習者同士の対話を通してのフィードバックも大切ですが，重要となるのは教師からのフィードバックです。

　**探究的な学びにおける教師の役割の一つに「足場かけ」があります。**「足場かけ（Scaffolding）」というのは，認知科学や学習科学で使われる用語です。学習者の活動を促すための教師のサポートという意味で使われます。

　学習者が次のステップへ進めるように，学習の足場をつくり，学びをサポートします。足場とは，学習環境を整えることであったり，個に対する言葉でのサポートであったりします。個の能力や状況によって，どの程度介入するのかを調整することが求められます。そして，足場は一時的なものである必要があります。そうした活動が形成的評価となります。こうした形成的評価を通して，学習者が探究のスパイラルを駆け上がるサポートをします。

　具体的な方法として，フィードバック（教師／学習者同士），振り返り，ルーブリックなどがあげられます。

## 3 総括的評価

　総括的評価は，評定のための評価，いわゆる成績につながる評価と言われますが，学習者目線で考えると，学びのアウトプット（プレゼンテーション／プロダクト）を行う公の場で，フィードバックを受け取ることと考えることができます。その際に，評価の基準を設けることで，より質の高いフィードバックを得ることができます。評価の基準は，教師がつくるか，活動を通して，学習者と練り上げていきます。具体的な方法としては，投票や評価シート，コメントとなります。

# \\10/ 探究的な学びの授業デザイン
## ～振り返り～

「私たちは経験から学ぶのではない，経験を振り返るときに学ぶのだ（We don't learn from experience. We learn from reflecting on our experience.）」というデューイの言葉があります。

探究的な学びを通して深い学びを実現するためには，振り返りが重要な要素になります。探究で目指すのは，学習者の自立です。自立を支えるものの一つに「メタ認知」があります。**振り返りをすることで，メタ認知を働かせ，その力を高めていく**のです。

探究の4つのプロセスに振り返りが位置づけられていないことからもわかるように，振り返りは決められたタイミングで行うものではなく，都度行う習慣をつけることが大切ですが，特にポイントとなる3つの場面での振り返りについて整理しておきます。

## 観察や実験の前後に振り返る

理科における探究は「科学的に歩む」ことが何よりも大切です。理科の探究でここがブレると，決して深い学びにはなりません。科学的，つまり実証性・再現性・客観性という視点で自分の活動を振り返ります。

もちろん，はじめは教師の支援が必要です。実験前に全体でポイントを確認する，実験中に個別に声をかけるなどの支援を通して，学習者に振り返りを促します。そうした経験を通して，学習者が振り返りの習慣を身につけていきます。

## 授業の終わりに振り返る

　授業の最後には，この時間の学びはどうだったのか，自分は何を学んだのかという視点で振り返りを行う習慣をつけることが大切です。めあてを立てた場合は，立てためあてを達成できたのかという視点で振り返ります。

　振り返ることで学びを整理し，次のアクションへとつなげます。学習者にとって，振り返りは自己評価です。学びを調整する自立的な学習者の育成には，授業後の振り返りは欠かせないものとなります。

　一方で理科学習の場合，実験を優先していると振り返りの時間をとれないこともあります。結果を整理し，考察を書いている時間で精一杯のこともあります。状況によって，振り返りの手法を変えたり，考察にまとめてしまったり，また今日は振り返りの時間はとれないねと声を掛けることもあります。振り返りを習慣化することは大切ですが，強制することは形骸化にもつながるので，注意が必要です。

## 単元（プロジェクト）の終わりに振り返る

　単元の学習やプロジェクトの終わりに，活動を通しての振り返りを行います。ここではマクロの視点を持つこと，そして何を学んだのかだけではなく，どのように学んだのかという**学び方についても振り返ることが大切**です。

　私の授業では，単元のはじめに学習を通して目指してほしい姿をルーブリックとして共有しています。ルーブリックを使うことで，学び方について具体的な観点を持って振り返ることができ，より質の高い振り返りができると感じています。

# 振り返りの手法

振り返りの手法は，多様にあります。ICT が入ったことで，さらにその選択肢は広がりました。ただどんな振り返りも，行動レベルで考えると，「書く」と「話す」の 2 つに集約されます。

## 1 「書く」ことで振り返る

私の授業では，毎時間「今日の学び」と称して，その時間で「自分が学んだこと／発見／疑問／感想／先生へのメッセージ etc」をノートに書くという振り返りを継続しています。「学びを言語化する」こと，そして「振り返りを習慣化する」ことをねらいとしています。私が書くことにこだわるのは，「書く力」というのは極めて重要な力だからです。社会に出ても，ペンかタイピングかはさて置き，書く，つまり言語化する力は必須のものになります。また，「書くことで考えが整理される」というのは真理です。頭の中だけで考えているより，書きながら考えることで思考は深まります。**書くということを習慣化することが，質の高い振り返りをする第一歩**です。

小林和雄氏・梶浦真氏 (2021) によると「記述によって自分の考えや体験を自分の言葉で言語化し『書き出す』という振り返りは，学習活動への自己関与感を高め，学びに向かう力を高める効果を持つ」というデータも示されています。

4/29（火）13℃「ジュースの場合」
〈今日の学び〉
今日は、ジュースをあたためたり、冷やしたりしました。
ジュースは、水よりも水の動きがおそいような気がしました。
多分、ジュースは少しドロドロしているからだと思います。
ジュースは、水と動き方が全く同じだったので、液体の水の動き方は全て同じなのかな、と思いました。
良い見方ですね！

## 2 「話す」ことで振り返る

　話すことで振り返る，という場面もあります。探究的な学びは，活動が長期化することがあります。特に個別で進めている場合，意図的に活動の中間報告の時間を取ることで，研究を整理することができ，また他者の研究から新たな気づきを得ることができます。

　そうした中間報告には，ペアワークを推奨します。自身の研究について，例えば１分で伝え合い，互いにフィードバックをするという活動です。ペアを替えて，３セット行っても10分もかかりません。

　書く振り返りをベースにしつつ，こうした話す振り返りも取り入れることで，質の高い振り返りにつながる，また自分の言葉で説明する力を高めることができると考えています。何より，他者に説明することで学びへの責任感を高めることができます。子ども同士だけではなく，活動中に教師がインタビューして回ることも，話す振り返りの一つの手法です。

## 振り返り指導

　理科で気をつけたいのは，考察やまとめと振り返りの混同です。時間がない時に考察に付け足す形で振り返りを書くことはありますが，内容の区別はしっかりと持つことが大切です。

　**考察やまとめの主語は「学習対象」であり，振り返りの主語は「学習者」**です。振り返りでは，自分は何がわかって何がわからなかったのか，自分の学び方はどうであったのか，という視点を持たせるようにしています。

　また，振り返りの質を高めるために「理科の見方・考え方」を意識させることも大切です。

## 振り返りの質を問う

　子どもたちが書いた振り返りは，なるべく目を通すようにしています。

　慣れていないうちは，再生・想起（〜しました／〜が楽しかったです）レベルが中心になりますが，量を書くことを習慣にすること，適切な指導を重ねていくことで振り返りの質が高まっていきます。振り返りについては，小林和雄氏と梶浦真氏の共著（2021）『すべての子どもを深い学びに導く『振り返り指導』－自律的で深く学び続ける力を育てる振り返り指導－』（教育報道出版社）が参考になります。

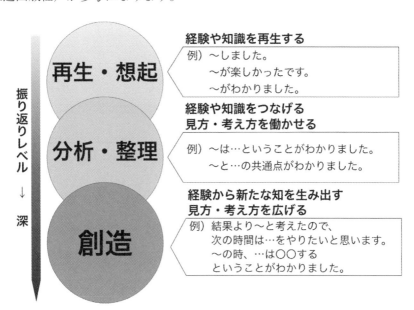

小林和雄・梶浦真（2021）『すべての子どもを深い学びに導く『振り返り指導』』教育報道出版社を参考に筆者作成

　質が高い振り返りとは，経験から新たな知を生み出している記述が見られる振り返りです。また，理科の見方・考え方が表出している振り返りも質が高いと言えます。そうした質の高い振り返りが，深い学びへの鍵なのです。

## それでも書けない子はいる

　振り返り指導をしていて多くの教師が気になる点が「いつまでたっても書けない子がいる」ということです。書けないというのは，浅い振り返りに終始してしまうということです。

　しかし，そういった書けない子が，何も考えていないかというと決してそうではありません。書いて表現することが苦手なだけということが往々にしてあります。

　では，そうした子に対してどのような指導を行えばよいでしょうか。

　探究的な学びの場合，教師がフリーになる時間が圧倒的に増えます。そうした時間を使って，子どもと対話することが重要です。

　普通に話すこともあれば，インタビュー形式で回ることもあります。「いま何をしていますか？」「その実験をするとどうなるのですか？」など，言語化が苦手な子どもには，対話を通して言葉を引き出すことが大切です。

　ただ，それでも浅い振り返りしか書けない子はいます。手はつくしますが，書くことが嫌いになっては元も子もありません。長い目で見ることも必要です。いま書けなくても，中学生・高校生，大学生と進むうちにそうした力が伸びればよいのではないでしょうか。目の前の結果を追い過ぎないこと，これも探究では大切なマインドです。

　そもそも，そういった子の**頑張りや成長を見取るために，教師がいる**のです。教師が正しく見取っていれば，実は大きな問題ではありません。子どもの育ちを認め，子どもにフィードバックする「教師の振り返り支援」を大事にしたいものです。

# 探究的な学びの授業デザイン
## ～まとめ～

探究的な学びの授業デザインについてまとめると，次のようになります。

## 探究的な学びの授業デザイン

### 中心となる問い

獲得させたい 知識・技能／資質・能力

**ヒトモノコト との出会い**

中心となる問い、プロジェクトのゴールとルール、スケジュールを共有する。
・適切な教材選択
・教材との出合いの演出
・既知を未知に変える 教師の仕掛け

▶ **観察・実験 （試行錯誤・創意工夫）**

「中心となる問い」をもとに、学習者1人1人が仮説を立て、仮説を課題として主体的に関わることのできる授業をデザインする。
・活動形態を選択する

| 個別 | ペア | グループ | 一斉 |

→グループで活動し、アウトプットは個別で行うなどの工夫が大切
・ツールを選択する（教材／ICT）
・各ステップでの振り返りの実施

▶ **アウトプット 展示会や発表会**

学びの成果を発表する公の場をつくる。

**プレゼンテーション**
・スライド
・レポート
・動画 etc

**プロダクト**
・図鑑／マップ
・ポスター／新聞
・製品開発 etc

**導　入**

**診断的評価**

学習者の既有知識や関連体験を起動させる

| ブレインストーミング |
| 事前テスト | etc

**展　開**

**形成的評価**

学習者1人1人をより深い学びへと導くために学びを可視化しフィードバックする

| 対話 | 振り返り |
| コメント | ルーブリック | etc

**まとめ**

**総括的評価**

これまでの活動を総括して振り返り、達成度を可視化する

| 対話／コメント |
| 投票／評価シート | etc

＊ICTを活用することで、それぞれの活動の選択肢が大きく広がる
＊授業デザインは教師が決めるが、各ステップの活動で学習者に選択権があり、意思決定の主体は学習者であることが大切

中心となる問いを核として，学習者の学びをデザインしていきます。

ここで何よりも大切なのは，学習者1人1人が自立的に学ぶということです。**個別最適，協働のベースになくてはならないものが「自立」**です。

自立を支援するための活動であり，評価だということを忘れないようにします。

# \12/
# 探究的な学びは事前準備が9割

　探究的な学びでは，事前の準備が何よりも大切です。

　ある単元を重点単元と位置づけ，探究的な学びを行おうとした時，その単元デザインを考えることに多くの時間と労力を費やします。

　探究的な学びは，スタートしてしまうと，軌道修正が難しくなります。

　正しくは，軌道修正してしまうと，それは探究的な学びではなくなるのだと感じています。

　探究的な学びがはじまってしまえば，教師は見守ることが主な役割となります。**学習者中心の学びにおいて，教師の役割は「ティーチャー」であり，時に「コーチ」，「ファシリテーター」であるべき**だと言われています。

　もう少し具体的な言葉で，理科の探究的な学びにおける教師の役割を整理しておきます。

---

**活動中の教師の役割**
- 環境を整える（安全の保障／活動場所の確保／材料・器具の準備）
- 場づくり（安心して活動できる場をつくる）
  （活動の質を高めるため，中間報告や振り返りを促す）
- 助言する（学習者の話を聴く／適切にアドバイスする）
- 見取る（学習者の学びを見取り，評価する）　　　　　　　他

---

　探究的な学びにおいて，教師は学習者1人1人の伴走者となることが求められます。伴走者といっても，やることは1人1人との対話です。探究的な学びにおける評価の本質は，フィードバックにあります。対話を通して，フィードバックを返していくことで，学習の質が高まっていきます。

# \\13// 探究的な学びの位置づけ

　探究的な学びを，単元の柱として学習を進めていきます。単元まるごと探究的な学びとすることもできますし，単元の一部に位置づけることもできます。デザインした「探究的な学び」をどのくらいの規模で実施するのか，その時の状況に合わせて考えていきます。

## 1．単元まるごと探究的な学びとする

中心となる問いを「単元を貫く問い」として扱うことで、単元まるごと探究的な学びとして学習を進める。その中で必要な知識・技能を身につけ、資質・能力の育成を目指す。

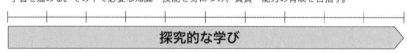

## 2．単元の一部に位置づける

習得した知識・技能を活用し、探究する場面として探究的な学びを位置づける。
単元の前半は習得に力を入れた活動を進め、中心や終わりに「探究的な学び」を取り入れる。

「習得」と位置づけた授業においても、アウトプット（活用・探究）を意識することで、質の高いインプットにつなげることができる。

## 3．単元の学びとは切り離して実施する

　身につけた科学力を発揮する場として、単元の学習とは切り離して探究的な学びを実施する。カリキュラム・マネジメントで時間を生み出し、科学コンテストを行ったり、子どもが行うサイエンスショーを企画したりするなどが考えられる。また、他教科とコラボレーションした教科横断型の探究、総合的な学習の時間を使っての探究（自由研究等）に挑戦することもできる。
　そうした教科に閉じないオープンな探究では、テーマ設定から学習者に委ねたい。時間は掛かるが、子どもが大きく成長する学びとなるはずである。

# 3章

## 探究的な学びの
## つくり方—実践編

# \\1/ カリキュラム・マネジメント

　探究には「余白」が必要です。探究とは，見えないなりゆきを追いかける学びであり，まずは十分に発散する時間が必要となります。

　学校教育の中で時間的余白を生み出すことは，容易ではありません。各教科の年間授業時数，指導内容は決められています。そうした中で時間を生み出すためには，カリキュラム・マネジメントがポイントになります。

## 単元に軽重をつける

　理科のカリキュラム・マネジメントで重要なのは，単元に軽重をつけることです。私の学校では，**学期に１つか２つの重点単元を設け，その単元は時数を多くとり，探究的な学びに力を入れています。**

　その分，その他の単元の時間を調整し，「軽」の扱いの単元では，「習得・活用・探究」でいうところの「習得」中心で学習を進めます。そうした場合でも，講義だけで済ませるのではなく，観察や実験は極力カットしないように工夫していますが，子どもが考え進める実験というよりは，確かめる実験となってしまうこともあります。そうした割り切りも，時間を生み出すためには必要なことだと考えています。

　理科の学習内容は，４年間を通してある程度スパイラル式に学べるようになっていますので，「軽」として扱った学習内容も，後に掘り下げる機会があります。そうして，４年間トータルで考えていくとより良いカリキュラムができます。

　それぞれの学校の環境を生かしたオリジナルのカリキュラムを作成し，探究的な学びへの一歩を踏み出してみてください。

# 2

# 教科横断で探究的な学びをつくる

　余白を生み出すために，おすすめなのは「教科横断」です。

　一教科内でカリキュラムを調整して余白を生み出すのには限界があります。教科を横断して授業をつくることで，時間的な余白が生まれます。

　私の学校の例ですが，タブレット型端末の導入を機に，アウトプット型の授業が増えました。子どもたちの様子を見ていると，複数の教科でプレゼンやレポート課題が同時に出されていることが珍しくありませんでした。その内容も，国語でSDGsを学んでいて，同じ時期に理科でも環境のことを学んでいるなど，類似していることもありました。

　これは，私の学校が教科担任制をとっているために起きていることですが，こうした状況は子どもにとってはあまり良くありません。

　探究的な学びをするのであれば，**じっくりと追究することのできる環境を整える**ことが必要です。

　教科担任制の場合，教科横断にすることで複数の教師が関わることになり，子どものフォローも手厚くなります。教師の数だけ見方が広がり，多面的なフィードバックが子どものモチベーションを高めることにもつながります。

　教科横断型の授業にすることで，時間的な余白が生まれるだけでなく，複数の教科の見方・考え方を働かせながら学ぶことで，より深い学びを目指すことができます。活動場所も広げることができ，より大きなプロジェクトにチャレンジすることができます。時間と空間の余白ができることで，子どもにとってより学びやすい環境をつくることができます。

　教科横断については，5章に実践例を掲載しています。

# \3/ 探究の文化をつくる

　単元に軽重をつけ，重点単元を中心に探究的な学びを展開していくと同時に，探究的な学びを支える「文化」をつくっていくことも大切です。

　そのためには，学習者の「自己選択・自己決定」を最大化するような学習環境をつくることが肝心です。

## 小さな探究を繰り返す

　探究で大切なことは，**テーマや課題は教師から与えられたものだとしても，そこから自分なりの問いを立て，その問いをもとに活動を進めること**です。日常の授業の中で，自分なりの問いを立てて活動するという体験を積み重ねることが，探究的な学びを支える力になります。

　与えられた問いから問いを生み出す経験とともに，自らの興味・関心を起点に問いを生み出すという経験も重要です。

　子どもたちにとって身近な教材ほど，子どもの興味・関心が内在されています。学年によっても変わりますが，例えば植物や動物，環境，空気と水，磁石や音などの学習です。そうした学習の時は，積極的に子どもが個々に問いを立てて学習を進めていくような展開を短い時間でも体験させることが大切です。

# 実験準備はスーパーマーケット方式

　実験の準備について，あらかじめ必要なものをグループ毎にバットに用意する場合もあるかと思いますが，極力それをやめて，スーパーマーケットのように，必要なものを自分で選ぶ方式にします。

　学習者が選択するということを環境で示すためです。追加で使いたいものや足りないものがある時は，自由に取りに来てもよいことにします。ただし，危険な薬品や火類などは，教師側で管理し，配布します。

## 理科室環境

　関連する実験器具については，事前にスーパーマーケット方式で並べておきますが，そこにはない実験器具を使いたい時は，理科室にあるものであればすぐに用意をして貸し出しています。理科室の棚には，アルファベットのシールを貼っています。そうすることで，子どもに聞かれた時に，その器具が入っているアルファベットを伝えるだけで，子どもは探し出すことができます。アルファベットの貼っていない棚については，開けることを禁止にしていますし，危険な薬品などはもちろん準備室へ収納しています。

**棚にアルファベットのシール**

## 子どもロッカー

　探究的な学びを行うと，実験が長期化することが多々あります。そうした時に，実験途中のものや実験に必要な器具をしまうための「ロッカー」を用意しています。棚を丸ごと１つ空けて，そこにバスケットを並べています。子どもは，そのバスケットを使って自分の研究道具を管理します。グループで入れることもあれば，個人で入れることもあります。

　子どもにとって，理科室は研究室（ラボ）というような意識を持ってもらえるような環境を整えることで，探究的な学びがよりやりやすくなると思います。

## フィードバックの習慣化

　探究的な学びにおける評価の本質は，フィードバックにあります。学習者同士でフィードバックすることによって，互いに高め合っていく姿が理想です。フィードバックはスキルであり，本質的なフィードバックができるようになるためには経験が必要です。そのために，日常的にフィードバックする機会をつくります。例えば，予想や考察の場面でペアワークを行い，自分の考えを伝え，相手の考えにフィードバックする活動です。

　フィードバックの基本は「グッド＆ベター」です。「いいね！」からはじめて，徐々に「こうするともっといいね！」と**正しく批判する力を身につけ**られるようにします。**同時に批判を受け入れる力も高める**ことができます。

## \\ 4 //
# 探究を支える ICT

　探究的な学びに，ICT は欠かせません。私は，ICT を「実体験を最大化するツール」と表現していますが，実体験だけでなく，子どもの可能性を最大化するツールだと感じています。

　探究における ICT 活用のキーワードは「広がる」と「つながる」です。

## 学びの選択肢が広がる

　調べる，記録する，まとめる，発信するといった学習活動それぞれの選択肢が大きく広がります。調べる時に，インターネットを使って気軽に広く調べられるのは強みですし，記録の時には写真や動画を使って記録もできます。まとめる際にも ICT は大活躍します。ICT を使うことで，レポートや新聞だけでなく，動画やスライドなど多様な表現が可能になります。発信の段階では，インターネットを使うことで，その対象を大きく広げることができます。学習者の選択の幅が広がり，より質の高い探究につながります。

## 学びがつながる

　何より，これらすべての活動がシームレスにつながることが大きなメリットです。調べたこと，記録したことをまとめて，すぐに発信できます。発信することで，フィードバックを得ることができ，質の高い試行錯誤につながります。ICT を活用することで，探究のサイクルを回すギアを１段も２段も上げることができるのです。一連の学びがつながる，そして子ども同士の学びをつなげることができるのも ICT の強みです。それだけでなく，子どもの学びを実社会とつなげる役割も果たします。

# 5
## 探究的な学びをつくりやすい単元についての考察
### 〜4年理科「金属，水，空気と温度」を例にして〜

　単元に軽重をつけたカリキュラム・マネジメントをする上で，どの単元を重点単元とすればよいでしょうか。どの単元が探究に向いているでしょうか。

　4年理科には，「金属，水，空気と温度」に関する単元が複数配置されています。これを例にして考えていきます。

・金属，水，空気と温度（温度と体積の変化）
・金属，水，空気と温度（温まり方の違い）
・金属，水，空気と温度（水の三態変化）

　この中で，どの単元が一番探究的な学びをつくりやすいでしょうか。

　例えば，はじめに学習する「温度と体積の変化」では，空気や水を温めたり冷やしたりした時の体積変化について調べていきます。

　そのプロセスにおいて，次のような問いが生まれることがあります。

> 　空気を温めると，膨らむのか，上へいくのか？

　試験管にシャボン液をはって，手で温めるとシャボン液が膨らみます。その現象を見た子どもたちが考える主な理由がこの2つです。

　そして，この問いをそのまま課題として問題解決していく授業を見かけることがあります。しかし，実際にやってみると，子どもたちはいろいろな方法で問題解決を試みようとするものの，結論に困ることが多いです。

　それは，膨らむというのも上へいくというのも，本質的には同じ原理だからです。その実験の先に，次のような課題を与える授業もあります。

> 温められた空気は，どのくらい膨らむのだろうか？

　この課題に関して，定性的な実験，つまり見かけや感覚でどのくらい体積が変化したかを考察することは容易ですが，定量的な実験をしようと思うと途端に難しくなります。

　実は，実際にやったことがありますが，子どもたちにとっては，その実験方法を考えるだけでも相当に難しいです。インターネットで調べても，子どもたちの検索能力では実験方法にたどり着くのは困難です。そもそも，体積という概念が固まっていない発達段階の子たちです。

　ベストな実験方法は，シリンダーに空気を入れて口を閉じ，それを温めてどの程度膨らむかを測定する，または試験管やフラスコからチューブでシリンダーに接続して，試験管やフラスコを温めてシリンダーの動きを見るという実験方法です。ただし，シリンダーは滑らかに動くものでしか正しい実験結果は出ません。つまり材料に制限がありますし，実験方法も多様化しないため，この活動を探究的な学びにすることは難しいのです。

　理科における探究のキーワードである，実体験を伴う試行錯誤に発展しにくい教材であり，問いであるということです。

　もちろん，定量的な実験にこだわらずに，定性的な実験の中で概念形成を目指すということも考えられると思いますが，限られた時間の中で探究をやろうと思えば，何もこの単元にこだわる必要はありません。

　この3つの単元であれば，私は「温まり方の違い」が一番探究的な学びに適していると考えています。さらにいうと，「水の温まり方」の部分を中心に授業を組み立てます。

次の画像は，私が子どもと共有をしている単元の「学習マップ」です。

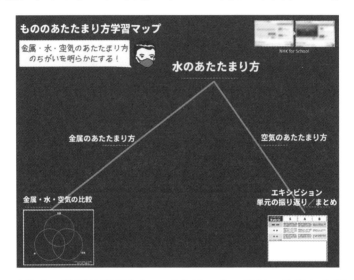

単元のはじめ，診断的評価として「金属・水・空気の比較」を行い，既有知識を確認します。その後に，金属の温まり方について学習します。ここは，習得段階と捉え，教師主導で進めました。

探究的な学びにおける中心となる問いは「水はどのように温まるだろうか？」としました。水の温まり方について試行錯誤しながら追究する場面を「探究」と設定し，授業をデザインしました。

なぜ水の温まり方なのかについては，想定される体験が，2章で示した以下4つの条件に当てはまることが理由です。

---

1　安全が保障されている
2　実験が多様化する（試行錯誤が生まれる）
3　身近な（簡素な）材料でできる
4　定量的な実験

---

## 1 安全が保障されている

　探究では，手放す，子どもに任せるという視点が大切となります。安全が
保障されている活動を設計することが大前提となります。

　この実験では加熱を伴いますが，温まり方を調べるだけなので，沸騰させ
る必要がありません。50〜60℃まで温めれば十分に結果がわかります。事前
に注意をしておけば，水が沸騰しての火傷の可能性はかなり低くなります。
もちろん，授業中は各班を見回り，沸騰しそうな場合は指摘するようにして
います。

＊この学習までに，加熱器具であるカセットコンロの使い方については十分
に習熟している必要があります。そうした探究を支える技能も意識して高め
ていくことが大切です。

## 2 実験が多様化する（試行錯誤が生まれる）

　水の温まり方を調べるには，水に何かを入れて，水の動きを可視化しなけ
ればなりません。入れるものも，教科書に載っている茶葉やおがくず，味噌
だけでなく，落ち葉や消しゴムのかす，絵具などと多くのアイデアが考えら
れます。実際にやってみると，ラメやBB弾，コットンなどの意外なものが
すごくわかりやすい結果を見せてくれます。サーモインクやサーモテープ，
サーモグラフィといった薬品や実験機器も使うことで，多面的な検証をする
こともできます。また，氷やアイスボールを使って，冷やしたらどうなるか，
といった実験に発展することもあります。

## 3 身近な（簡素な）材料でできる

　この活動は身近な材料を使った実験が中心になります。自分たちで材料を
用意することで，より主体的な活動となります。また，身近なものを使うこ

とで，次はこれも使ってみようとアイデアが連鎖しやすく，試行錯誤が生まれやすくなります。そうして，なるべく多くの実験を通して検証することで，より科学的な価値ある考察となることも学んでいきます。

## 4 定量的な実験

　水の温まり方は，１回の実験で正しく結果を捉えることは難しいです。

　ビーカーのどこを温めるかで，結果が変わります。また，温められた水は上へ行くので，結果的には上から順に温まっていくのですが，このことを捉えるのがかなり難しいのです。子どもたちは必死に捉えようと，見えない水を可視化します。そうした中で，温度計やサーモインクなども使いながら，数字や図で表そうとする姿が見られます。数字や図で示すことで，より客観性ある質の高い考察となります。

　以上４点が水の温まり方を探究的な学びに位置づけた理由です。

水の温まり方を調べる時の実際の活動の様子

## 空気の温まり方ではダメなのか

　空気の温まり方ではダメなのか，と聞かれたこともあります。思い返してみれば，私は実際に空気でもやったことがあります。

　おもしろかったのは，割れにくいシャボン玉をつくって，温めた缶コーヒーを近づけると浮き上がる実験です。アルコールランプの上を通過させれば，シャボン玉が高くに浮き上がります。

　しかし，この実験のアイデアは子どもから自然発生したものではありません。子どもが考えるのは，教科書にも載っている，空気に線香の煙を混ぜて空気を可視化し加熱するという方法か，温度計を使って，場所による温度の変化を調べる方法です。空気だと，実験が多様化しにくいのです。安全面にも問題があります。水は遠目からでも沸騰しそうかわかりますが，空気の空焚きは見た目ではわかりません。空気の場合，実験に失敗したとき，次のアイデアにつながりにくく，試行錯誤が生まれにくいと感じています。

　３つ目の単元「水の三態変化」も向いていなくはないのですが，安全面が心配なのと実験が多様化しにくい学習だと感じています。

　液体から気体への変化の部分ではなく，液体から固体への変化にフォーカスし，「いろいろなものが凍る時の様子を調べよう」というテーマで探究的な学びを試みたことがありますが，そもそも液体から固体に状態変化させるだけでも子どもには難しく，そこで時間を使ってしまい，その先の温度変化や体積変化といった本質的な部分に話が行きづらかったという反省点を持っています。ただ，やり方によっては，おもしろい学習になるでしょう。

　ジュースは0℃でも凍らないことや，どの液体も周りから凍っていくことなどを見いだしていくプロセスは，間違いなく探究的な学びになります。また，安全面が心配ですが，湯気の正体を調べる，などの活動も探究的に進めることができます。

# おすすめアプリ・システム「Padlet」

　Padletは，端末の種類を問わず無料で使えるブラウザベースのシステムです。アプリもありますが，インストールしなくても使うことができます。

　1つの画面に，いろいろな人が文字を書いたり，写真や動画を貼り付けたりすることができます。それを簡単にシェアすることができます。

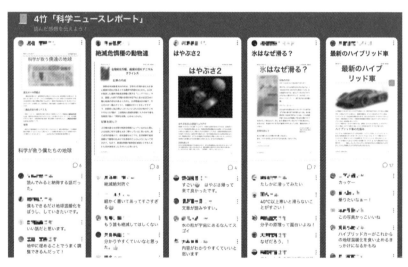

実際のPadletの画面（科学レポートにフィードバックし合う様子）

　Padletでおもしろいのは，他人が書いたものにリアクション（いいね等）したり，コメントを書いたりできる機能です。アカウント登録しなくても，URLさえ知っていればリアクションやコメントができます。子ども同士がコメントし合うだけでなく，URLを保護者や教員に案内して，フィードバックをいただくなどの活動にも応用できます。探究的な学びの中間報告の場や，またアウトプットの作品公開の場として重宝しています。

# 4章

章

## 学年別 探究的な学びの
## 授業アイデア

# \\ 1 // 学年別　探究的な学びの授業アイデア

　学年別に探究的な学びの授業アイデアを整理しました。

　理科では，探究的な学びをつくりやすい単元と，そうでない単元があります。今回は，私が探究的な学びをつくりやすいと感じている単元，また創造をベースとした活動をつくりやすい単元を中心に，授業アイデアとしてまとめました。

　「中心となる問い」や「活動」，「アウトプット」という形ではなく，実際の活動がイメージしやすい形でまとめています。

　1時間でできるものから，数週間にわたるプロジェクトになるものまで幅広く授業アイデアとしています。

　ここのアイデアと2章でまとめたフレームワークを参考にして，ご自身で探究的な学びをつくられてみてください。

　ただし，学校によって学習環境やカリキュラムが異なります。伝統的に力を入れている行事やプログラムもあるでしょう。

　自然豊かな学校であれば，その自然を生かした探究的な学びをつくることができるでしょうし，林間学校に力を入れている学校であれば，林間学校を核とした探究的な学びをつくることもできます。

　**それぞれの学校や地域の特性を生かしたオリジナルのプログラムをつくっていくことが大切であり，それが探究の醍醐味**でもあります。

　特に地域性は大切です。地域と協働して進められる持続可能なプロジェクトをつくることができれば，そんなに素敵なことはありません。

第3学年　探究的な学びづくりのポイント

| 1学期 | **身の回りの生物〜植物〜（生命）**<br>**身の回りの生物〜生きもの〜（生命）**<br>太陽と地面の様子（地球） |
|---|---|

| 2学期 | **磁石の性質（エネルギー）**<br>風とゴムの力の働き（エネルギー）<br>光の性質（エネルギー）<br>物と重さ（粒子） |
|---|---|

| 3学期 | **電気の通り道（エネルギー）**<br>音の性質（エネルギー） |
|---|---|

＊太字＝探究的な学びをつくりやすい単元。
＊身の回りの生物に関しては年間を通して学習していく。

　理科学習がスタートする3年生は，知的好奇心も高く，理科に対してポジティブな気持ちを持っているので，どんなことでも楽しく取り組め，スポンジのように学びを吸収していきます。理科学習の基本や理科室の使い方を学ぶとともに，探究的な学びを積極的に取り入れることで，知的好奇心をさらに高めることができます。知的好奇心と，その中で育まれる理科は楽しいという気持ちが探究を支えていきます。

　3年生で特に大切にしたいのは「自然体験」です。3年生は生きものに対してもポジティブに関わることができます。学校で伝統的に行っている飼育活動や栽培活動を発展させた探究的な学びをつくるとよいでしょう。

　また，ものづくりにも力を入れたい学年です。ものづくりは，まさに探究的な学びです。意図的に取り入れることが大切です。

第４学年　探究的な学びづくりのポイント

| 1学期 | **電流の働き（エネルギー）**<br>**空気と水の性質（粒子）**<br>季節と生物（生命）<br>金属，水，空気と温度（温度と体積の変化）（粒子） |
|---|---|

| 2学期 | **金属，水，空気と温度（温まり方の違い）（粒子）**<br>天気の様子（天気による１日の気温の変化）（地球）<br>雨水の行方と地面の様子（地球）<br>人の体のつくりと運動（生命） |
|---|---|

| 3学期 | **金属，水，空気と温度（水の三態変化）（粒子）**<br>天気の様子（水の自然蒸発と結露）（地球）<br>月と星（地球） |
|---|---|

＊季節と生物に関しては年間を通して学習していく。

　「金属，水，空気」に関する学習が３単元配列されています。この３つをまとめて考えることで，単元に軽重をつけやすく，どこか１単元を重点単元として探究的な学びをつくることができます。３章にも書きましたが，おすすめは「温まり方の違い」です。また，通年学習する「季節と生物」では，その学校の環境に合わせたオリジナルの探究的な学びをつくることもできます。通年研究した成果を，３学期に発表するという組み立ても有効です。

　その他，「天気の様子」や「雨水の行方と地面の様子」，「月と星」に関しても，現実に起きている事象と結び付けることで，よりリアルな文脈で学ぶことができます。そうした学びは，目的ある問いを持ちやすく，探究的な学びにも適しています。

# 第5学年　探究的な学びづくりのポイント

| 1学期 | **植物の発芽と成長（生命）**<br>**動物の誕生　魚の誕生（生命）**<br>植物の結実（生命） |
|---|---|
| 2学期 | **物の溶け方（粒子）**<br>流れる水の働きと土地の変化（地球）<br>天気の変化（地球） |
| 3学期 | **電流がつくる磁力（エネルギー）**<br>振り子の運動（エネルギー） |

　理科学習の基礎・基本を獲得している5年生では，より任せられることが増えてきます。「中心となる問い」を「単元を貫く問い」とし，単元まるごと探究的な学びとすることもできます。「植物の発芽と成長」や「魚の誕生」，「振り子の運動」などは，ゴールも明確で，また危険が伴う実験もないため，単元まるごと探究的な学びとしやすい単元です。

　5年理科のハイライトは，唯一の粒子領域である「物の溶け方」です。まずはここを重点単元として時間数を確保し，探究的な学びをつくることをおすすめします。物の溶け方の学習は，多様な実験ができ，それに合わせて多様な授業デザインが生まれます。授業デザインを大いに楽しめる単元です。

　「電流がつくる磁力」ではものづくりをベースにした探究を，「流れる水の働きと土地の変化」についても，学校の環境によっては，実体験をベースにしたおもしろい学びをつくりやすい単元です。

## 第6学年　探究的な学びづくりのポイント

| | |
|---|---|
| 1 学期 | **燃焼の仕組み（粒子）**<br>人の体のつくりと働き（生命）<br>植物の養分と水の通り道（生命） |

| | |
|---|---|
| 2 学期 | **電気の利用（エネルギー）**<br>土地のつくりと変化（地球）<br>てこの規則性（エネルギー）<br>月と太陽（地球） |

| | |
|---|---|
| 3 学期 | **水溶液の性質（粒子）**<br>生物と環境（生命） |

＊生物と環境については，内容によっていくつかに分け，年間を通して学習していくことも有効。

　最終学年である6年理科は，探究の種がたくさん詰まっています。

　本書では，いくつかのアイデアを載せていますが，それは都会の学校での実践記録に過ぎません。学校の環境によって，もっと多様でダイナミックなアイデアがあるべきだと思います。例えば，「植物の養分と水の通り道」では，いろいろな植物の気孔や葉脈を研究してまとめてもおもしろいと思います。その先に光合成の学習をすれば，より理解が深まります。「土地のつくりと変化」では，学校によっては崖や地面を掘り，出てくる土の粒子の違いについて研究したり，また近くに露頭があればそれをもとに学習を進めたりと，地域の特性を活かした学びをつくりやすい単元です。「生物と環境」は他教科とコラボレーションしやすく，研究発表会などにつなげやすい単元です。「水溶液の性質」は，小学校理科の花形的存在です。子どもも楽しみにしている単元で，探究的な学びもつくりやすい単元となっています。

# 3年「授業開き」

　人生初めての理科の授業，３年理科の授業開きは特別な時間です。

　理科学習のルールや理科室の使い方を伝えるだけではもったいない。授業開きこそ，探究を意識されてはいかがでしょうか。

　私は，ＮＨＫの番組「考えるカラス」のオープニング映像を見せて，理科という教科について説明します。「観察し，仮説を立て，実験して，考察する。科学の考え方を学べ。」というフレーズが，まさに理科で大切なことを表しています。そして，このフレーズの主語は，自分自身であることを伝えます。

　その後は，早速実験を行います。

　最近よく行っているのが，紫外線ビーズを使ったワークです。

　太陽の光にあてると色が変化する「紫外線ビーズ」というものがあります。これを１人１つ配布し，観察させ，気がついたことをノートに書かせます。はじめはなかなか書けませんが，ペアワークやグループワークを通して，少しずつ気づきが増えていきます。探究では発散思考が大切です。どんなに小さなことでも，思ったこと感じたことを書き出させます。

　たった１つのビーズからこれだけの気づきが生まれること，そしてその気づきには価値があることを語ります。子どもたち１人１人の気づきが理科学習の種になります。この空間では，安心して自分の考えを出してよいということを感じ取ってもらいたいと思っています。

　天気の良い日だと，紫外線ビーズの秘密に気がつく子が出てきます。太陽の光が原因だと気がついたら，そのまま外に出て，紫外線ビーズの色の変化を楽しんだ後，自然観察をすることもあります。理科は，自然の関わりの中で学ぶ教科であることも伝えたいところです。

# 3年「身の回りの生物」

## アイデア#1 「〇〇図鑑をつくろう！」

「図鑑をつくる」という創造をベースにしたプロジェクト学習を行います。図鑑は子どもたちにとって，身近でアイデアが広がりやすい教材です。

実社会とのつながりを意識するために，誰のために図鑑をつくるのか，対象を決めるとよいでしょう。5章で詳しく紹介していますが，私は附属の幼稚園生と1年生と対象を決めて行っていました。

また，図鑑は教科横断にしやすいテーマでもあります。図鑑には写真を使ってもよいですが，イラスト図鑑にしてもおもしろい図鑑ができます。文章やキャッチコピーを国語で書き，イラストを図工で描く，というように教科を跨いで活動することで，理科の時間は，生き物の飼育や観察に集中することができます。ポイントは実際の生きものを図鑑の対象とするということです。

そうすることで，調べ学習に閉じない探究的な学びをつくることができます。

実際のこん虫図鑑
（ロイロノートで作成）

84

# アイデア#2 「昆虫トラップで虫をつかまえよう！」

「トラップをつくる」という創造をベースにしたプロジェクト学習です。この単元，生きものを調べるという活動をされている方も多いと思いますが，「調べる」よりも「飼育する」「捕まえる」という活動にフォーカスすることで探究的な学びをつくることができます。

学校内にちょっとした自然があれば，昆虫トラップを仕掛けて，いろいろな虫を捕まえることができます。昆虫トラップは，インターネットで調べると多くの事例が出てきます。これまでに，オサムシなどを捕まえるピットフォールトラップや，カブトムシをねらうバナナトラップなど，様々なトラップに挑戦してきました。トラップの材料には，主にはペットボトルや牛乳パックといった，子どもたちが扱いやすい廃材を使用しています。結果が目に見えるので，試行錯誤が生まれやすいテーマです。写真は，「カブトムシプロジェクト」と題して行った，学校の森でカブトムシを採集するプロジェクトの様子です。3週間にわたって実施し，授業でトラップを仕掛け，翌朝に確認していました。トラップづくりに試行錯誤していました。

# アイデア#3 「生きものマップをつくろう！」

学内のどこにどんな生きものがすんでいるのか，調査をしながらまとめていくプロジェクトです。「マップをつくる」という創造をベースにしているので，探究的な学びをつくりやすいテーマです。学内の生きものマップをつくることから，地域の生きものマップをつくる活動へと発展させることもできます。生きものだけでなく，植物のマップをつくってもおもしろいと思います。

# 3年「磁石の性質」

## アイデア＃1
## 「磁石について1人1人の疑問を問いとして探究する」

　磁石は子どもにとって，とても身近で問いを見いだしやすく，手軽に検証することのできる優れた教材です。「磁石について知っていること」をブレインストーミングするだけで，子どもたちから次々に探究の種が出されます。

| | |
|---|---|
| ・N極の方が強い | ・お金は磁石につかない |
| ・トマトは磁石で動く | ・ネオジム磁石という強い磁石がある　etc |

　例えば，「N極の方が強い」という意見，これを否定することは簡単ですが，「本当にそう？　実際に調べていこうか」と科学的に検証していくことで，探究的な学びとすることができます。極の強さを科学的に調べる方法を考え，実際に検証していきます。科学的ということを意識させると，引き付けられるクリップの数で調べたり，方位磁針が反応する距離で調べたりと，様々なアイデアを考えるものです。

N極とS極どちらが強いか，科学的に検証している様子

1つの方法で検証できたら，別な方法でも検証してより確かなデータとしようというマインドも育みたいものです。

　教師側の仕掛けとして，学校側で用意する教材を少し工夫することで，子どもの問いが広がります。例えば普通の磁石だけでなく，球型磁石やマグネットシートを用意し，それらに触れながらブレインストーミングすることで，新たな問いが生まれます。

　「球型磁石にはN極とS極はあるのか？」という問いを課題にした活動もおもしろかったですし，「マグネットシートのN極とS極を調べる活動」も多様な試行錯誤が生まれました。

　また，こんなこともありました。黒板についている磁石をよく見てみると「ヨーク」と言われる鉄片がついています。そのことに気がついた子がいて，その年は「鉄片があるとより強い磁石になる」という仮説のもと，ヨークの謎について解き明かすというテーマで学習を進めました。

　磁石は，そうした子どもの疑問を問いとして，探究を進めることのできる魅力的な教材です。

# アイデア#2「ものづくり」

　科学の力を使った理科工作は，まさに創造をベースにした探究的な学びそのものです。私は，積極的にものづくりを取り入れるようにしています。

　本単元であれば，磁石の力を使った工作です。自由につくらせてもよいですが，お題を与えることで，より科学的な試行錯誤を生むことができます。

　例えば，NHK for School には「じしゃくを使ったいろいろなおもちゃ」という動画があります。後半にウサギがピョンピョンはねるおもちゃが出てきます。その原理は見せずに，このおもちゃを再現する活動なども試行錯誤が生まれます。再現できた子は，さらにオリジナルの仕掛けを入れるなどして，探究のスパイラルを上がらせます。

# 3年「電気の通り道」

## アイデア#1 「導線1本で豆電球に明かりをつけよう」

単元の導入で，豆電球1つと短く切ったエナメル線1本，マンガン電池1つを渡して，「豆電球に明かりをつける」というミッション型の活動をします。

教科書ではソケットを使っていますが，それをソケットなしにすることで，試行錯誤を生みます。導線でもいいのですが，私はエナメル線を使っています。エナメル線は，表面にコーティングがなされているので，コーティングを紙やすりではがす必要があります。それを隠して行うことで，挑戦的な問いとなります。経験上，すぐに明かりをつけることができる子はほとんどいません。できた子には，別なつなぎ方を考えさせます。

1時間程度の小さな探究的な学びにはなりますが，こうした積み重ねが探究の文化をつくっていきます。

＊ショート回路ができると火傷することもあるので，事前に注意を促す必要があります。リスクを減らすためにマンガン電池を使います。

## アイデア#2 「通電テスターをつくろう」

電気が通るもの，通らないものを調べる活動の際，調べるためのテスターを自作させる活動です。豆電球とソケット，導線，乾電池をベースに，工作用紙やわりばし，クリップやアルミホイル，アルミテープなどを使って，オリジナルの通電テスターをつくります。そのテスターを使って，いろいろなものを調べまとめていく活動をセットで探究的な学びをつくります。

# 4年「季節と生物」

## アイデア「ファーマーズプロジェクト」

　私の学校では，「ファーマーズプロジェクト」と題した「野菜を育てる」という活動を通して，本単元の学習をしています。各班にプランターを２つ用意し，子どもたちが育てる野菜を決めます。１学期中に収穫できる夏野菜（キュウリ，ピーマン，ミニトマト，エダマメ，ナス，シシトウ等）を候補としています。苗は学校で用意していますが，毎朝の水やりなどの世話は子どもたちが行っています。野菜の育て方も自分たちで調べ，追肥や摘心（より良く成長させるために芽を摘み取ること）なども自分たちのタイミングで行っています。成長の記録をとる中で，植物の成長や季節との関わりについて学び取っていきます。「育てた野菜をどうするか」というゴールの設定がプロジェクトでは大切です。ゴールについては，毎年話し合って決めています。

　私の学校は，場所の関係で小さなプランターしか置けないため，収穫量がそこまで多くなく，育てた野菜でパーティーをするというゴールになることが多いですが，「朝市」をやりたいという声も上がってきていました。

　収穫量が増えれば，朝市を開いて，保護者や地域の方に販売するというプロジェクトにしてもおもしろいとアイデアを温めています。

活動の様子

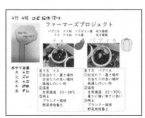
活動記録シート

# 4年「空気と水の性質」

## アイデア＃1「空気でっぽうコンテスト」

　キット教材に入っている「空気でっぽう」を利用し，より遠くへ玉を飛ばすことをゴールとしたコンテスト型の活動です。

　使うものは，キットに入っている筒とおし棒（後玉）です。この2つは固定して，子どもが工夫するのは，前玉と飛ばし方です。玉をカスタマイズし，玉の位置や押し方，飛ばす角度について工夫しながら試行錯誤します。

　中心となるのは前玉のカスタマイズです。教科書に載っているジャガイモを試したり，ウレタンやコルクで自作したりする子もいます。キットに入っているウレタンの前玉にビニールテープを巻いて，筒に密着させる工夫をするなど多様なアイデアが生まれます。

　コンテスト本番は，3回の試技ができ，一番遠くまで飛んだものを記録としています。筒のサイズにもよりますが，これまでの最高記録は「15m」と，工夫次第でかなり遠くまで飛ばすことができます。ジャガイモの玉では，10mも飛びません。

　その工夫を子どもなりに理論化し，まとめていく中に科学があります。

活動の様子

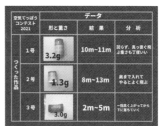
空気でっぽうの分析シート

# アイデア#2 「空気でっぽうのしくみを明らかにする」

キット教材の主役はやはり「空気でっぽう」です。

空気でっぽうのしくみ，つまり玉が飛び出るしくみについて1人1人が実験をして明らかにしていく活動を探究的な学びとします。いろいろな飛ばし方を試してみたり，飛び出す瞬間をタブレットで撮影してよく観察したりする中で，空気という存在について認識を高め，考えを構築していきます。

水では飛ばないことも体験させ，水と比較しながら考えていくことでより深い研究になります。最後は，成果をノートやレポートにまとめていきます。まとめる時のポイントは，空気の可視化です。見えない空気をどのように捉えたのかを描かせることで，概念形成のサポートをします。

私は，この場面，タブレットを使って表現させています。4コマのような形でまとめ，それを動画で書き出すことによって，空気でっぽうのしくみを解説するアニメーションができます。

デジタルを使うと簡単に修正や複製ができるので，試行錯誤がさらにやりやすくなります。

活動の様子
（空気と水の比較実験）

4コマを制作する様子
（Keynote を使用）

# 4年「金属，水，空気と温度（温まり方の違い）」

## アイデア＃1「水のあたたまり方を明らかにしよう」

　この単元において，金属，水，空気の中でもっとも自由度高く，子どもが実験することができるのは「水」です。金属の温まり方を調べた後に，「水はどのように温まるのだろうか？」という中心となる問いを共有し，探究的な学びをスタートさせます。加熱器具の数に限りがあるため，グループで行うことを基本とします。

　私は，この活動をゼロからスタートするのではなく，はじめに水だけを入れたビーカーを加熱し，その様子を観察することからはじめています。当然ですが，水しか入っていないので，水がどのように温まるのかはわかりません。そのことを確認した上で，中心となる問いを提示します。事前体験があることで課題が焦点化し，よりフラットに活動を進めることができます。このように課題を正しく捉えさせるための工夫も，探究的な学びをつくる上では，必要なものとなります。

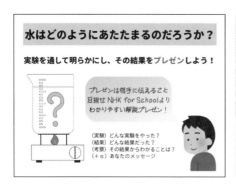

課題について説明したカード

活動の様子

子どもたちは，いろいろなアイデアを持ちます。

　まずは手元にある消しゴムのカスやチョークの粉，落ち葉などを水に入れて流れを見ようとします。次の時間からは，家から持ってきた茶葉や味噌，化粧品のラメなどを使う姿が見られます。教科書をガイドとして使っているので，サーモインクなども求めてきます。いろいろなものを使い，加熱する位置を変えながら，水の温まる様子について考察していきます。それだけでなく，冷やした時の様子についても，氷やアイスボールを使いながら調べていきます。この活動のアウトプットは，研究発表会としました。グループプレゼンです。この時は，そうしたプレゼンの機会が学校として少なかったので，そうしましたが，「個人レポート」という形のアウトプットも適していると思います。実験はグループで進めますが，最後のアウトプットを個人とすることで，学びに責任感が生まれます。

## アイデア＃2 「熱気球をつくろう！」

　安全面に少し課題はあるのですが，私の学校では単元の最後に熱気球をつくっています。簡単な原理を説明し，材料だけ渡してあとは子どもへ任せています。熱気球のつくり方をネットや動画で調べて工作をしていきます。

　この活動は，誰とやるかも子どもへ任せました。1人で黙々とつくっている子もいれば，グループでワイワイやっている子たちもいます。

　飛ばす時は，教師と一緒に飛ばすというルールでやっています。なので，あちこちで熱気球が同時に上がるということはなくしています。誰かが飛ばす時は，自然と注目が集まります。ただし，そう簡単には飛びません。だからこそ試行錯誤が生まれ，飛んだ時に大きな達成感を得られる活動となります。

熱気球を飛ばす様子

# 5年「植物の発芽と成長」

## アイデア「植物の種子の発芽条件を明らかにしよう！」

　単元まるごと探究的な学びにできる単元です。どこまで子どもたちに選択権を渡すのか，教師の授業デザイン力が問われる単元とも言えます。

　種子は教科書でも扱われている，つるなしインゲンマメを使うとよいでしょう。いくつかの種子の選択肢を用意して，自分たちで選ばせて活動させることもできますが，私の経験的には，種子は限定して，どのような条件を調べるかに力を入れた方がより深い研究になります。

　はじめに，種子の発芽に必要だと考えられる条件をブレインストーミングします。土，光，水，適当な温度，空気など，様々な条件が出されるでしょう。時には，「愛情」といったものも出されることがあります。こうしたものの扱いなのですが，理科の探究のキーワードは「科学的」です。科学的とは，実証性・再現性・客観性の３つの言葉で表されます。実証性に乏しいものは授業内では扱わないとしています。非科学的なものは，理科の見方・考え方を働かせにくいからです。理科の見方・考え方が働かせられないと，育てなければいけない資質・能力を伸ばすことができません。ただし，時間にゆとりがある時に発展的に扱う，または家庭で研究するというのはありだと思っています。

　さて，実験を進める上でのポイントは，５年生で育てたい理科の考え方の「条件制御」について，十分に意識させることです。

　実際の授業では，ゼロから任せるのではなく，実験１として「土は必要か？」については，全体で実験をするようにしています。そこで基本となる実験方法と条件制御の考え方を確認します。また，ここで土ではなく脱脂綿

でも発芽するということがわかれば，より手軽に実験を進めることができるようになります。実験2からは，すべて子どもたちに計画させます。

　私の学校では，スペースの関係もあり，実験はグループで進めています。ただ，最後のアウトプットは個人でのレポート提出です。

　活動では，「オリジナルの研究」という視点を持たせることで，実験に多様性が生まれます。

・空気の中でも，酸素が必要なのか？　二酸化炭素が必要なのか？
・水以外，例えばお茶やスポーツ飲料では発芽しないのか？

　など，より詳しい条件を調べることでオリジナリティある研究になります。こうした条件は，子どもからは出ないこともあるので，教師の仕掛けが重要になります。どこかのグループがおもしろい実験をはじめたら，それを全体へと伝えます。そうすることで，アイデアが連鎖していきます。

　これまで，様々な実験を見てきました。おもしろかったのは，種子に傷をつけた時の発芽の様子を調べたものです。条件とは少しズレますが，種子を少しずつ切り取った時，発芽するのか，私も結果にワクワクしました。

　余談ですが，私は炭酸水で植物を育てる研究をしたことがあります。植物によっては，炭酸水の方が早く成長するものがありました。それも，実際にやってみなければわからなかったことです。植物に関する研究は，新しいことを発見しやすい分野であり，アイデア次第で大きな価値ある研究が生まれます。

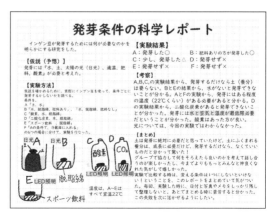

実際のレポート
（MetaMoJi ClassRoom で作成）

# 5年「魚の誕生」

## アイデア「メダカ研究所」

　この単元も，単元まるごと探究的な学びをつくれる単元です。

　私は「メダカ研究所」と題したプロジェクトを行っています。メダカを飼育しながら，その生態や飼育方法について1枚のレポートにまとめるという活動です。飼育と観察という実体験，レポートという創造をベースにした学びであり，探究に向いている学習です。

　実際に行うことは，メダカを飼育し観察する，卵を産ませて観察する，メダカについてまとめるという3ステップです。

　私は単元に入る前，メダカを多めに用意し，家で飼育してみたい子に5匹くらいずつ配っています。1〜2週間もすると，卵が産まれましたという声が聞こえてきます。卵を学校に預けてもらい，その卵を使って観察を行っています。あっという間に人数分以上の卵が集まります。

　メダカの観察を通して生態についてまとめ，卵の観察を通して卵の成長についてまとめます。それだけでなく，観察して気がついたことや，調べて分かったこと，メダカの飼育方法なども盛り込みながら，1枚のレポートにまとめていきます。ICTを使うことで，結果の記録とレポート作成がシームレスにつながり，観察の時間をしっかりと確保できます。

　こうした活動では，教科書が参考書的な役割として機能します。

活動の様子

メダカの卵の成長について詳しく書いてあり，自分が観察している卵は，何日目の卵かということを調べることができます。

　そうやって，観察したことと教科書やインターネットで調べたことを関連付けながらレポートという形にしていきます。

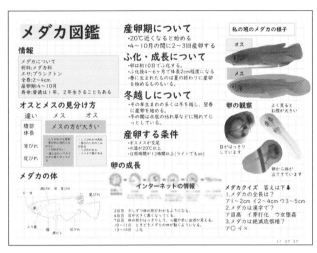

実際のレポート
（MetaMoJi ClassRoom で作成）

Padlet の様子

　レポートに含めてほしい項目として，「メダカの生態（特徴）について」と「卵の成長について」の2点を伝えています。その他は，個々がそれぞれ考えてオリジナリティを出していきます。

　アウトプットに制限を加えることで，活動に見通しが持ちやすくなったり，観察する視点が定まったりと，一連の活動の質を高めることにもつながります。

　完成したレポートは，Padlet へアップし，互いにフィードバックし合いました。また URL を保護者にもお知らせし，保護者の方にも見ていただきました。

# ５年「物の溶け方」

## アイデア「ろ過装置をつくる」

　溶けているものを取り出すという学習段階で，ろ過装置をつくるという活動を行います。私は，以下のような３段階のミッションを用意して，自作ろ過装置でどこまでクリアできるのかというパフォーマンス課題を実施したことがあります。

| |
|---|
| Lv.1　泥水を透き通った水にできる |
| Lv.2　カレースープを透き通った水にできる |
| Lv.3　塩水を真水に変えられる |

　子どもたちは，500mL のペットボトルの底を切り，大きさの異なる石やガーゼやティッシュをしきつめてろ過装置をつくります。実際には，Lv.3の塩水は真水に変えることはできないのですが，そこに挑戦するプロセスにこそ価値があると考えます。

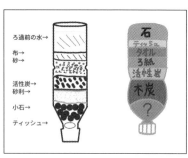

　＊この単元について，具体的な単元計画を５章に掲載しています。

# 5年「電流がつくる磁力」

## アイデア「最強の電磁石コンテスト」

　「最強の電磁石をつくる」という科学コンテストを単元の柱として活動を進めるアイデアです。「乾電池1個で電磁石をつくり，クリップを何個引き付けることができるか」というコンテストです。電磁石の基本を学んだ後に行います。子どもたちは，0.4mmのエナメル線と，学校が用意したいろいろな種類の鉄（長さや太さの違う鉄のねじ）を使って，電磁石をつくります。最後には，一発勝負のパフォーマンスタイムを行い，記録を出します。

　一見簡単そうですが，エナメル線の巻き数や巻き方，芯にする鉄の太さなど様々に考える要素があります。エナメル線を巻き過ぎると抵抗が増え，流れる電流が小さくなり，クリップの個数も減ります。インターネットでいくら調べても答えは見つかりません。

　最適な条件を見つけるには，試行錯誤するしかありません。ルールがシンプルで，結果も一目瞭然，子どもが夢中に取り組む活動になります。ちなみに，小さいクリップ（1個約0.25ｇ）だと1000個近くの記録がでます。コンテストを通して，電磁石に関する知識と概念を形成していきます。

活動の様子

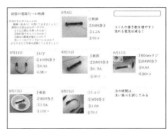

活動の記録

# 5年「振り子の運動」

## アイデア＃1 「振り子の周期のきまりを明らかにする」

　振り子の周期はどのような条件できまるのだろうか，という単元の中心課題をそのまま中心となる問いとします。

　振り子についての基礎（周期などの用語）を学んだ後，自由に実験をする時間とします。子どもたちは，用意された重りや糸から必要なものを選択し，活動をスタートさせます。重りや糸は，いくつかの種類を用意しておくと，実験が多様化します。

　測定方法（10往復で測定する／複数回実施し平均をとる）については，しっかりと教えたいので，一旦自由にさせるものの，途中で止めて全体で考えさせるなどの仕掛けも必要です。

　ただし，この学習までに，5年理科で大切にしたい考え方である「条件制御」をしっかりと身につけていることが必要です。そうした子どもの習熟度合いによって，授業デザインを変化させていきます。

## アイデア＃2 「1秒間で1往復する振り子をつくろう！」

　有名なパフォーマンス課題ですが，試行錯誤が生まれる問いとなります。振り子に関する基本を押さえた上で，この課題に取り組むとよいでしょう。

　「1.0秒」だけでなく「1.1秒」，「1.2秒」「1.3秒」などの選択肢もつくり，くじ引きで選択させるなどの工夫もおもしろいと思います。そうすることで，より多くのデータが集まり，周期と振り子の長さの関係まで捉えることができます。

# 6年「燃焼の仕組み」

## アイデア「2本のロウソク」

　NHKの番組「考えるカラス」の#1の中に「2本のロウソク」というチャプターが収録されています。高さの違う2本のロウソクに火をつけて並べ，びんをかぶせるとどちらが先に消えるか，という映像です。

　子どもにこの映像を見せて答えを聞くと，多くの子が「短いロウソクから消える」と答えます。しかし，実際は長いロウソクが先に消えます。その理由を科学的に明らかにするという活動を探究的な学びとします。

　私は，びんではなく工作しやすいペットボトルや大きいプラコップを使っています。空気の流れを可視化するために線香の煙を使い，ペットボトルの上部に穴をあけた時の変化を見るなどの実験を繰り返しながら，この現象に迫っていきます。

　気体検知管を使えば，酸素や二酸化炭素の濃度の違いを数値として見ることができます。石灰水を使えば，火が消えた時の上部の空気と下部の空気の二酸化炭素濃度の違いを見ることもできます。

　写真は，ロウソクの代わりに線香を使って実験している様子です。少し高度ですが，大人が思っている以上に多様な実験が生まれる活動です。

活動の様子

# 6年「電気の利用」

## アイデア#1 「発電プロジェクト」

「発電」に目を向けた，コンテスト型の授業です。用意された発電機（モーター）を効率よく回す方法を考え，それを形にしていきます。

目指すのは，3段階に設定されたミッションのクリアです。

---

misson1 「電子オルゴール10秒連続メロディ♪」
misson2 「LEDライト5秒連続点灯」
misson3 「豆電球5秒連続点灯」

---

例えば，モーターにプロペラをつけて，うちわであおいで回す風力発電や，水の力で回す水力発電，モーターに紐を巻いて引っ張る人力発電など，様々なアイデアが生まれます。

そうして追究する活動を通して，発電の仕組みと環境やエネルギーについての理解を深め，エネルギー問題に今後自分がどう関わっていけるかを考えることをねらいとしました。

\*使用するモーターは，どんなモーターでも構いませんが，「風力発電用モーター」という専用のモーターを使うと，より発電しやすくなります。

活動の様子（風力発電）

# アイデア#2 「再生可能エネルギーの創造」

　発電についての発展的学習です。日本のエネルギー問題，そして世界のエネルギー問題について共有し，考えた次の段階として，未来のエネルギーを考えます。

　近年注目を集めているのが，様々なアイデアの「再生可能エネルギー」です。自然の力を使ったもの以外にも，世界では素敵なアイデアがたくさん実現されています。例えば，「サッカーボール発電」は，サッカーで15分遊ぶことで，照明３時間分の発電ができます。

　このようなクリーンな世界の発電アイデアを共有した上で，新しい発電アイデアを創造します。アイデアは，プログラミングロボット（KOOV）で表現しました。その様子を撮影し，PRムービーをつくるという活動をしました。PRムービーを全体で共有する中で地球の未来について考え，また自分には何ができるか，という自身の行動へつなげていくことを目指しました。

活動の様子

靴×発電のPRムービー

　再生可能エネルギーは，メリットだけでなく，様々な課題も抱えています。そうした課題点についても，現状とつなげてしっかりと伝えることも大切にしています。

# 6年「水溶液の性質」

## アイデア#1「サイエンスムービーをつくろう！」

　水溶液についての知識・技能を使った活動として「おもしろいサイエンスムービーをつくろう！」という活動を行っています。

　子どもたちに人気の「YouTuberなりきり企画」です。単元の前半で学習したムラサキキャベツ液やBTB溶液，フェノールフタレイン溶液などの指示薬を使った色の変化の実験が中心ですが，組み合わせることで多様なアイデアが生まれます。実験の様子をタブレットで撮影し，動画編集ソフトで編集します。タイトルやテロップ，音楽もつけて，15～30秒程度の動画に仕上げます。

　ある年は「1年生に見せる」という条件を設けて実践しました。1年生にも伝わるように，演技なども交えながら楽しく撮影をします。またある年は，教育用SNSを使って「世界に発信しよう！」とオープンに発信することを前提に進めたこともあります。対象を明確にすることで，モチベーションを高め，活動の質を変えることができます。

活動の様子

作品を投稿したPadlet

# アイデア＃2「サイエンスショーを開こう！」

　同じ企画のアウトプットをムービーではなく「ショー」とした実践です。これは，同僚の理科の教員の実践ですが，ショーとすることで，フィードバックがダイレクトに届き，より大きな達成感につながると感じました。

　対象は1年生です。ショーといっても，ステージでするのではなく，体育館にグループ分のブース（長机）を出し，出店形式で行いました。1年生は好きなブースを回り，6年生は集まった1年生に対して実験を披露します。

　そうすることで，1回で終わることなく，繰り返しアウトプットすることができます。経験を次へつなげることができます。ショーではなく，体験型のブースをつくっているグループもありました。

　この活動は，水溶液の学習に絞ることなく，幅広く理科の活動として行ってもおもしろい探究的な学びになると感じています。また，教科に縛られることなく，文化祭などのイベントの企画の一つとしても検討できると思います。

ショーの様子

会場の様子

# 2 地球領域で探究的な学びをつくることが難しい理由

　地球領域（地学分野）は，本質的で挑戦的な問いをつくることはできても，体験的な問いをつくることが難しい学習です。

　天体，大地，気象。モデル実験を通して，体験をベースにした授業をつくることはできます。例えば，大地の学習であれば，川を理科室や校庭で再現するような活動や，地層の縞模様の秘密を土砂を使って探っていくような活動です。天体の学習であれば，月の満ち欠けの仕組みをモデル実験で確かめていくこともでき，教材を工夫することで，子どもが主体的に学ぶ授業をつくることができます。しかし，それはあくまでもアクティブ・ラーニングのレベルであり，地球領域の学習は，ダイナミックな探究，長期的なプロジェクトには向かないと感じています。

　その理由として，この領域が，非常に捉えにくい学習であることがあげられます。宇宙や大地といった，時間的・空間的スケールが非常に大きいものを対象とする学習です。実際に観察や実験を行いながらの学習とは，性質が異なります。そのスケールを小さくし，可視化して理解しやすくするためにモデル実験がありますが，そのモデル実験を探究的な学びの教材としてしまうと，肝心の学習内容が理解されないことにつながりかねません。

　そうしたことから，地球領域で探究的な学びをつくろうと考えた時，どうしても「調べる」や「分析する」といった活動が中心になりがちです。

　例えば，天気の学習において，防災の視点から「マイハザードマップ」をつくったことがあります。学習をした当時，大きな台風が近づいてきていて，連日テレビでは，防災についての報道がなされていました。そこに関連して，自分の住んでいる地域のハザードマップを調べ，過去の被害などを分析し，警報が出た時の自分と家族のとるべき行動についてまとめたものです。非常に主体的な学習になりました。

ただ，これを理科でやる必要があったのかという思いが残っています。理科は年間105時間です。調べる，分析するという活動を軽視する訳ではありませんが，理科はあくまでも体験をベースにすべき教科だと考えています。地球領域で探究的な学びをつくる時には，注意が必要です。

## 地球領域で探究的な学びをつくるポイント

　地球領域で探究的な学びをつくるポイントは，**授業内で探究を完結させようとせず，授業外まで見通した授業デザインをすること**です。例えば，天体の学習であれば，学校の授業をきっかけにして，星空の観察に興味を持ち，実際の行動に移すような授業デザインをつくることが大切です。具体的な方法として，ICT 活用があげられます。ICT を活用することで，授業と授業外の学習，そして子ども同士の学習をつなげられるようになりました。キーワードは「体験の共有」です。例えば，天気の学習において，見つけた雲を撮影して共有する「雲の図鑑」というオンライン掲示板を Padlet でつくりました。すると，子どもたちが発見した様々な雲についての報告が続きました。体験を共有することで，体験が連鎖します。画像は，虹色に色づく雲「彩雲」の発見報告です。授業で彩雲についての話とその撮影方法を伝えたところ，子どもたちから，次々に彩雲撮れました！という報告があがりました。地球領域で学ぶ多くのものは，理科室では観察できません。映像や資料を効果的に活用しつつ，実際の大地や空に興味を持つような授業デザインを心がけることが大切です。実際のものに興味を持った先にしか，探究は描けません。

【5松】ものすごい雲の図鑑

# \\3//
# ダイナミックな探究を！

　この章では単元の学習をベースとした探究的な学びのアイデアをまとめて
きましたが，本音ではもっとダイナミックな探究があってもよいと思ってい
ます。私の学校は，私立の小学校で，理科の授業時間数も高学年は週4時間
と多くとっていることもあり，単元の学びをベースとしつつも，科学のおも
しろさを感じられるような学習を積極的に取り入れています。

　例えば，5年生3学期には，「プラナリア研究所」というプロジェクトを行
っています。「君は，プラナリアから何を学ぶことができるのか？」というテ
ーマで，プラナリアを1グループに3匹渡し，最後に研究発表会を行うこと
だけを伝えて，何を学ぶか，どのように学ぶかは，完全に子どもに任せた学
習です。プラナリアを飼育し観察する中で，様々な仮説を立てて，実験を企
画して活動を進めていく様子は，まさに探究で目指す姿と感じています。

　また，人体の発展的な学習として「ザ・解剖学」というテーマのプロジェ
クトをやったこともありました。グループで好きな海の生きもの（近くの魚
屋で仕入れられるものの範囲）を選択し，その生きものの生態や体のつくり
について，解剖を通して調べていくという活動です。

　エネルギーの学習の総まとめとしては，理科室全体を使った「ピタゴラス
イッチ」をつくっています。ドミノだけでなく，振り子や磁石，車などの科
学の力を使った巨大なピタゴラスイッチです。

プラナリア研究所

ザ・解剖学

ピタゴラスイッチ

# 5章

## 章

# 探究的な学びの
# 授業デザイン

# ＼ 1 ／
# 3年　身の回りの生物
## ～「オリジナルこん虫ずかんをつくろう！」～

## 実践の概要

　学内にいる様々な昆虫について，飼育をしながらその生態について調べ，図鑑としてまとめ，製本して1年生と附属の幼稚園生へ届けるというプロジェクト型の学びです。理科を中心に，国語と図工と連携をして，教科横断型のプロジェクトとして実施しました。

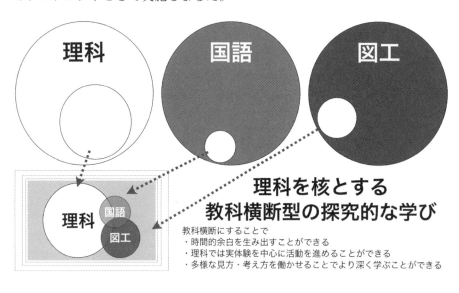

**理科を核とする
教科横断型の探究的な学び**

教科横断にすることで
・時間的余白を生み出すことができる
・理科では実体験を中心に活動を進めることができる
・多様な見方・考え方を働かせることでより深く学ぶことができる

## プロジェクトの発生

　この実践は，もともと計画していたものではありませんでした。子どもとのやりとりの中で発生したプロジェクトです。

　3年生，理科の学習がスタートして1カ月，ゴールデンウィーク（GW）に「こん虫図鑑の1ページ」という課題を出しました。GWをはさんで2週間の間に見つけた昆虫や調べた昆虫について，デジタルで図鑑にまとめるという課題です。コロナ禍であったため，調べた昆虫でもよいとしました。

　昆虫に興味を持ってほしい，そしてタブレットの使い方に慣れてほしいという想いで実施した活動となります。調べる昆虫も，図鑑のフォーマットも自由としましたので，多種多様な図鑑が出来上がりました。

　GW明けも，引き続き昆虫の学習をしていました。カイコだけでなく，子どもが持ってきた昆虫や，校庭で採集した昆虫を使って，昆虫についての学習を進めていました。そうした中で，学内に思ったより多くの種類の昆虫がいることに気がついた子どもたちから，「学校バージョンの昆虫図鑑をつくったらどう？」という声が上がりました。「つくったら（附属の）幼稚園生に渡そうよ！」という声も出て，このプロジェクトがスタートしました。GWに行った図鑑の活動がベースとなって生まれたプロジェクトです。

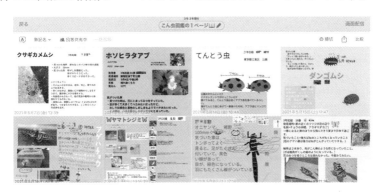

GWに行った「こん虫図鑑の1ページ」の取り組みの様子

# プロジェクトの実際

　プロジェクトをスタートさせた時，この活動を探究的な学びとしたいという想いがありました。校庭で昆虫を捕まえて，それっぽく図鑑にするのは簡単です。どうすれば，探究のスパイラルを子どもが駆け上がるような活動になるのかを考えました。考えた末，「オリジナルこん虫ずかんをつくろう！」というプロジェクトをつくりました。「オリジナル」という言葉の意味を子どもとともに深掘りし，どの図鑑やサイトにも載っていない情報を載せようというゴールをつくりました。また，図鑑にする昆虫は，自分で採集をし，飼育を通して調べるということにしました。そうすることで，調べ学習に閉じない，実体験をベースとする探究的な学びになると考えたのです。また，つくった図鑑は，附属の幼稚園生と1年生に届けることにしました。対象を明確にすることで，モチベーションを高めるだけでなく，責任感が生まれ，活動の質を高めることをねらいとしました。

## 理科の授業の様子

　活動はグループで行いました。ただ，グループで一つの昆虫と限定はしていないので，人数分の昆虫を飼育して調べているグループもありました。

　はじめは採集と飼育が中心です。図鑑にしたい昆虫を採集するところから活動をスタートしています。採集した昆虫は，各グループで虫かご等で飼育します。飼育が安定するまでは，別の学習と並行して，飼育と観察を中心にプロジェクトを進めていきました。飼育が安定してきたら，これまでの観察記録をもとに，図鑑化に動き出していきます。

## 国語の授業の様子

　国語の授業では，主に図鑑の文章の部分を担いました。実際にいくつかの昆虫図鑑を見ながら，どんな情報を載せようかを話し合いました。

　この時，昆虫図鑑を初めて見たという子もいました。いろいろな形式の図鑑があることを知り，今回は対象が幼稚園生と１年生ということで，なるべくシンプルに，昆虫のキャッチコピーと簡単な説明，イラストの３点を載せることにしました。

　理科での観察記録をもとに文章を考えていきます。昆虫の特徴について，どう表現すれば伝わるのかを考えながらノートにメモしていきます。同時に，昆虫の特徴を表すためのキャッチコピーについても考えました。

## 図工の授業の様子

　今回の図鑑は，写真ではなくイラストにしました。子どもたちに，より詳しく観察してほしいという想いもありましたが，それ以上に完成した図鑑を手にとった幼稚園生や１年生が，描かれたイラストをもとに昆虫を探し，実際に発見した時の驚きや感動を大切にしたかったからです。

　イラストは図工の時間に描きました。図工室に飼育している昆虫を持ち込んで，実際に観察しながら描いていきました。完成したものを写真に撮り，背景を消して，データとして子どもへ渡しました。

## 図鑑化へ

　ここまでの情報を理科や国語の時間に，図鑑としてまとめます。この作業はデジタルで行いました。デジタルを使うことで，圧倒的に試行錯誤しやすくなります。何度も修正しながら図鑑を仕上げていきます。レイアウトも自在で，最後まで徹底的にこだわり抜くことができます。そうしたこだわりが，大きな達成感につながります。達成感が，自己肯定感・自己効力感を高めてくれます。

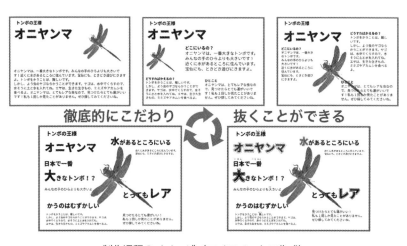

制作過程のイメージ（ロイロノートで作成）

　試行錯誤のプロセスで，子ども同士で何度もフィードバックし合っています。グループ内で互いの図鑑を見合って直接フィードバックする，またオンライン（Padlet）上に作品をアップして，リアクションやコメントでフィードバックするという方法です。直接のフィードバックは同期型，オンラインでのフィードバックを非同期型と呼んでいます。同期型をベースにしつつ，非同期型もうまく活用することで，活動の質を高めることができます。

対話を通した同期型のフィードバック

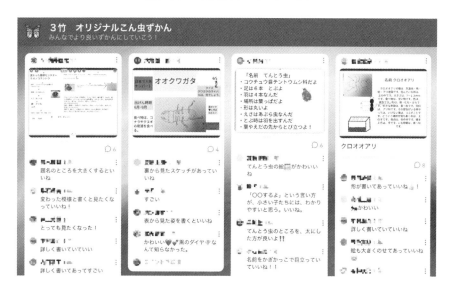

オンラインを使用した非同期型のフィードバック（Padlet を使用）

## フィードバックと評価について

　こうしたフィードバックが，子どもが探究のスパイラルを駆け上がる原動力になります。デジタルを使うことで，より広くフィードバックを得ることができます。また，作品を公開することで，学びへの責任感が高まります。

　何よりデジタルの強みは，形にできるということです。子どもたちのつくった図鑑をデータとして集めて整理し，表紙をつけて製本しました。探究的な学びでは，実際に形にすることが重要です。

　そうして完成した図鑑を，子どもたちの手で，幼稚園生と1年生へ届けました。手渡しし，目の前で喜ぶ姿と感想が最後のフィードバックです。対象者から直接受け取るフィードバックは，探究的な学びにおける，一番重要な評価と言っても過言ではないでしょう。

　その後理科室に帰り，出版記念パーティー（コロナ禍のため，水筒で乾杯）をして，プロジェクトを通しての振り返りを書いてこのプロジェクトを閉じました。

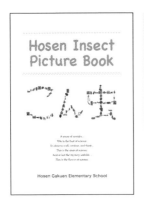

実際の図鑑の表紙と図鑑の1コマ

## 実践を振り返って

「図鑑をつくる」という創造をプロジェクトの中心に据えることで，教科横断型の探究的な学びをつくることができました。ゴールがはっきりしていたので，教科間の連携が取りやすかったです。

また，教科のねらいについても，概ね達成できました。図鑑をつくるというプロセスにおいて，他のグループと情報交流を重ねるなど，多くの昆虫を観察し，昆虫の共通点・差異点を見いだしながら，その特徴について考えを構築することができました。また，昆虫の生態については，採集と飼育を通して体験的な理解ができています。何より，「オリジナルこん虫図鑑をつくる」という大きな問いから，「この昆虫の飼育の方法は？」「この昆虫の動きの特徴は？」と自分なりの問いを見いだしながら，試行錯誤している姿が見られました。

今回は昆虫でしたが，対象を変えることで，例えば，植物図鑑をつくろうなどと別な学習にも応用可能なプロジェクトであると考えています。

## 学習内容のフォローについて

こうしたプロジェクトでは，教科書を大きく超えた内容についても主体的に調べ考えている姿が見られます。一方，必然性のない事柄については，教科書の内容であっても，通り過ぎてしまうことや間違えて理解してしまう可能性もあります。子どもにとっては，学習内容に境界線はありません。

そうしたフォローは教師の役割です。本実践では，プロジェクトの後，昆虫についての簡単なまとめを行っています。同時に e-learning を活用し，理解と定着のサポートを行っています。教科の単元に関連して探究的な学びを行う時には，忘れてはいけない視点となります。

# \\2// 4年　電流の働き
## ～教師の願い×子どもの想いを実現する「クエスト」～

## 実践の概要

　4年「電流の働き」において，「クエスト」という活動を行いました。電気について様々な体験をする中で，子どもたちにはいろいろな問いや想いが生まれてきます。そうした問いや想いを学習課題とし，子どもたちが選択的にチャレンジするシステムが「クエスト」です。教材の工夫という切り口で探究的な学びをつくりました。

## 教材観

　電気の学習において，目の前の子どもたちのリアルを追究した時，豆電球や乾電池という日常ではほとんど目にしないもので学習を終えてよいのだろうかという想いがあります。子どもには豆電球より LED であり，乾電池よりもリチウムイオン電池，つまり USB 給電が日常です。

　それらを教材とすることで，教科書と実生活との乖離を埋め，学びを実社会へとつなげたいと考えました。教材は，そうした教師の願いとともに，子どもの想いやアイデアという要素も重要です。教師の願いと子どもの想いがかけ算された教材こそ，子どもたちにとっての最適な教材であり，その教材を探究的な学びへの入り口としたいと考えました。

## 授業の導入

　導入として，３年の電気の学習を振り返った後，「４年生の電気の学習で
は，どのような活動をやってみたいか」という質問を投げかけました。
　子どもたちからは，思い思いの回答が聞こえてきました。
「ゲーム機を動かしてみたい」
「電池をつくってみたい」
「パソコンを乾電池でつけてみたい」　etc
　そうした声をもとに，いくつかの課題をつくりました。「LED を点灯させ
る」などの具体的な課題もあれば，「○○電池をつくる」といった活動の幅が
あるものもあります。次のようなカードをつくり，子どもたちへ共有しました。

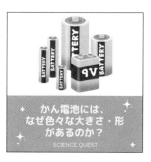

　その他
・USB ライトを乾電池で点灯させる　・携帯扇風機を乾電池で起動させる　他

## クエストについて

　このような課題を選択しながら解決していくシステムを「クエスト」と名づけました。子どもたちへは，画像のようなカードを使って説明しました。

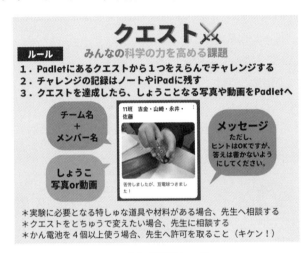

クエストの説明カード

　なお，「乾電池には，なぜいろいろな大きさ・形があるのか？」というクエストは，オンライン参加者用として用意したものです。これを実践した当時，新型コロナウイルスが流行していて，オンラインで参加している児童が複数名いるという状況でした。家庭でもできる課題として考えました。

## 授業の実際

　今回の活動は，「グループ活動」としました。グループで1つクエストを選択して取り組みます。ただし，クエストの1時間目は，全チームが同じクエスト「LEDを点灯させる」にチャレンジし，クエストのシステムを理解し，また直列つなぎを体験する時間をとりました。

クエストに取り組む様子

　左の写真は USB スピーカーを乾電池で起動させようとしている様子です。
iPad にイヤホンジャックをさして，音楽を流そうとしています。
　USB 機器を乾電池で動かすには，２つの方法があります。
　１つは USB 端子の正しい部分に，乾電池の＋極−極を接続する方法です。
もう１つは USB のコードをはさみで切り，内部の２本のコード（ものによ
っては４本）を取り出して，そこに乾電池の＋極−極を接続する方法です。
　普段何気なく使っている USB も仕組みはシンプルで，乾電池で動かすこ
とができます。USB スピーカーの場合，乾電池１個でも起動しますが，音
が小さいことに気がつきます。乾電池を直列に増やすことで，それはクリア
されます。そうした試行錯誤を重ねることで，電気の本質的な理解につなげ
てほしいと考えました。

## 結果の共有は「Padlet」

　クエストの課題と結果の共有には「Padlet」を使いました。クエストの良
さは，授業内の学びに閉じないことにもあります。授業内ではグループでチ
ャレンジしますが，授業外での個人のチャレンジも認めています。Padlet
を使うことで，休み時間や家庭で行ったこともリアルタイムで共有すること
ができます。

実際の Padlet の画面

　この活動は競争ではないことを伝えているので，グループで対話しながらじっくりと1つ1つのクエストに取り組んでいます。

　クエストは，はじめからすべてを提示するのではなく，子どもたちの様子を見ながら，また子どもの声を聞きながら少しずつクエストを追加していきました。クエストの活動には，7授業時間ほどの時間をとりました。

## アウトプットについて

　今回の取り組みのアウトプットは，活動そのものとなります。実験に成功したというパフォーマンスを共有することをアウトプットとしました。

　チャレンジの軌跡については，写真や動画だけでなく，ノートに整理させました。レポートを書かせることも検討したのですが，少しでも多く，電気の実験を体験してほしいという想いで，今回はノートにまとめる形をとりました。

# 評価について

　探究的な学びの評価の本質は，フィードバックにあると書いてきましたが，忘れてはいけないのが，学習者自身による自己評価です。単元のはじめに次のようなルーブリックを共有し，単元の終わりにルーブリックを使った振り返りの時間をとっています。

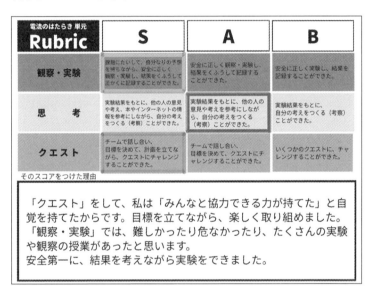

　単元の終わりだけでなく，何度かこの視点を確かめられるような機会をつくり，子どもにも意識させながら活動をさせます。

　次のページには，クエスト活動時の指導案を掲載しました。特に注目してほしいのは，教師の動きです。探究的な学びにおける教師の役割は，学習者1人1人へのフィードバックです。教師は子どもの活動中，繰り返し机間巡視を行い，対話します。その中で子どもを見取り，正しく評価していく必要があります。このルーブリックは教師と子どもが同じ軸で評価をするためにも必要なものなのです。

# 本時案（クエスト3時間目／全7時間）

| 時間 | 学習プロセス・期待する児童の活動 | 子どもの活動を支える手だて・留意点 |
|---|---|---|
| 0分 | **前時の振り返り**<br>**本時の目標と活動の確認**<br>・新しいクエストにチャレンジする。<br>・チャレンジのプロセスと結果をノートや iPad に記録する。<br>＊チームで相談する。 | 活動のゴールとルール，本時のタイムライン，今後のスケジュールを確認する。<br>・対象をよく観察すること。<br>・クエストにチャレンジするプロセスに価値があること。 |
| 5分 | **クエストにチャレンジする**<br>・見通しをもって活動するために，まずは対象をよく観察する。<br>・実験に必要な材料や道具をそろえる。<br>・安全に気をつけて実験を行う。<br><br>〈期待する子どもの姿〉<br>・LED のように，プラスとマイナスの向きが関係するのかも。<br>・家にあるスピーカーは乾電池2個で動くよ。<br>・USB はコンセントにさすから，大きな電気が必要かもね。<br>・コードを切ったら，中に2本の線が入っていたよ。ソケットみたいに，ここに電気を流せばよいのかな。 | 安心して活動できる場を整える。<br><br>**机間巡視**<br>・子どもの学びを捉え，解釈する。<br>・理科の見方・考え方を働かせている姿（期待する姿）があれば，対話を通して積極的に価値づける。<br>・様子を見ながら，より科学的な取り組みとなるように気づきを与える（引き出す）。<br>・達成したチームには，賞賛のあと，他の方法ではできないのか，などのゆさぶりをかける。<br><br>**安全管理**<br>・机間巡視をしながら，安全管理，実験の支援を行う。 |
| 35分 | **本時の活動について整理する**<br>・チャレンジのプロセスと結果をノートや iPad に記録する。<br>・チームのメンバーで記録を共有する。 | **記録のポイントを伝える**<br>・できたこと・できなかったこと，それぞれに価値があり，どちらも正確に記録するように伝える。<br>・チームで対話しながらまとめても，個人でまとめてもよいが，意図的に対話の時間をつくることで，子どもの見方・考え方を広げるように支援する。 |

| | | |
|---|---|---|
| 40分 | **振り返り**<br>・学習の振り返り「今日の学び」を書く。<br> →学んだこと（気づき／発見／疑問）<br> →感想　メッセージ<br>片付け | ・書くことで振り返り，省察することに<br> つなげる。 |
| 45分 | | |

## 実践を振り返って

　理科における探究的な学びを構成するものの重要な一つに「教材」があります。探究的な学びにおいては，中心となる問いをきっかけに学習者が仮説を立て，実験を企画して試行錯誤するパターンを主としつつも，**教材の持つ魅力で探究的な学びに誘うという理科ならではのパターンもある**と考えています。本実践がまさにそうで，教材そのものが中心となる問いとなり，学習者の問いを生んでいきます。教材は１つである必要はなく，複数の教材を用意し，今回のように選択制にすることもできます。教材開発に，子どものアイデアを取り入れることで，より魅力的な教材となります。

　子どもたちの様子を見ていると，身近な電化製品を分解し，そのしくみを調べるという体験をしたことがない子が多く，それだけでも貴重な体験となった様子でした。USB端子についても，実験前にはその中身を考えたことがある子はほとんどいなく，ものの見方が変わる良いきっかけになったと感じています。多くの子は全てのクエストを体験することはできませんでしたが，他のチームの活動はよく見ていました。フルーツ電池や備長炭電池にチャレンジしているグループが成功すれば，周りを取り囲んで見たり，写真を撮ったりする姿がありました。家に帰って続きをやっている子や夏の自由研究で，この授業をきっかけにした電気の研究をした子がいたことは大変嬉しいことでした。

# 3
# 5年　物の溶け方
～自己選択・自己決定を最大化する個別学習「みんなの説―水と食塩水編―」～

## 実践の概要

「水と食塩水の見分け」というシンプルな問いを中心となる問いに据え，活動形態やアウトプットを工夫することで探究的な学びとした実践です。

学習形態とアウトプットを「個別」として進めた探究的な学びの授業デザインの例にもなります。教科書の内容をベースにした再現性の高い実践なので，より詳細にまとめています。

## 単元について

多様な実体験をベースに，「溶かす」という科学現象に迫っていく単元です。この単元の学習でもっとも大切なことは，「溶かす（溶解）」という体験を十分に行うことです。そうした溶かすという体験の中で，溶解に関するきまりを見いだしていく学習を目指します。ここでの経験が，6年，そして中学1年で学ぶ「水溶液」の学習につながります。

## 単元計画案（全20時間）

| | 時 | 学習内容 | 評価 |
|---|---|---|---|
| 第1次 | 1 | **ゴールの共有**<br>○単元の目標「溶けるという科学現象を明らかにする」を聞き，「溶ける」という科学現象について知っていることを書き出す。 | **診断的評価**<br>関連する生活体験や既有知識を起動させ，学びへのイメージをふくらませる。 |
| | 4 | **いろいろなものを水に溶かす**<br>○学校が用意した食塩や片栗粉，あめやチョコレート等に対して，水に「溶ける」「溶けない」を予想し，実際に実験をして調べていく。<br><br>○いろいろなものを水へ溶かす体験を通して，「溶ける」とはどのような科学現象なのか，自分なりの考えを構築する。<br><br>○実験の結果を共有し，判断が分かれた（溶けた／溶けない）物質について再実験する。どんな実験をすればよいかを考え，実行していく。<br>その過程で，蒸発乾固について知り，蒸発乾固を体験し，溶けているものの取り出し方について学ぶ。 | **形成的評価**<br>教師の<br>子どもの見取り。<br>・対話<br>・行動観察<br>・記述　etc<br><br>学習者による振り返り。 |
| 第2次 | 1 | **探究的な学び**<br>**みんなの説～水と食塩水編～**<br>○水と食塩水を見分ける方法について，個人でアイデアを出す。その後アイデアを全体で共有し，出されたものについて確認し，活動の説明を受ける。 | |
| | 6 | **試行錯誤**<br>○自分のアイデアを創り出す。<br>活動は個人で行い，1人1アイデア以上を目指す。<br>＊調べても他の人にアドバイスをもらってもよい。<br><br>○自分のアイデアが科学的に正しいことを実証する。<br>＊終わった人は，誰も検証していない説を探す旅へ。 | |

| | | | |
|---|---|---|---|
| 第2次 | 2 | **アウトプット**<br>○自分のアイデアを30秒の動画にして，Padletへ投稿し，評価（フィードバック）を受ける。また，他者のアイデア（説）に対してフィードバックを行う。 | **総括的評価**<br>アイデアとそのプロセスが科学的かという視点で評価する。 |
| 第3次 | 2 | **エキシビション**<br>○気になった他者のアイデアを実際に実験して，確かめる。 | **形成的評価**<br>学習の振り返り。 |
| | 2 | **学習のまとめ**<br>○みんなのアイデア（説）を元にしながら，物の溶け方についてのまとめを行う。<br>・ものは溶けても存在する<br>・溶ける量には限度がある<br>・溶ける量は水の温度や溶けるものによって変わる<br>・溶けたものの取り出し方　他<br><br>○ルーブリックを記入し，これまでの学習活動を振り返る。 | **形成的評価**<br>ルーブリックを通して，単元における自己の活動の振り返りを行う。 |
| 第4次 | 2 | **パフォーマンステスト**<br>○これまで獲得した知識・技能を活用したパフォーマンステストを実施する。パフォーマンステストの候補は以下2つ。<br><br>#レインボーチャレンジ<br>(試験管に3層に分かれた色水を再現する)<br><br>#ミステリーパウダー<br>(見た目は同じ，謎の5つの白い粉を見分ける)<br>*パフォーマンステストは，時間を空けて実施予定 | **形成的評価**<br>子どもの見取り。<br>学習の振り返り。<br><br><br>**総括的評価**<br>パフォーマンステストを点数化して評価。 |

*探究的な学びを単元の中心（第2次）に位置づけた構成となっています。

# 1時間目　学びのロードマップを共有する

単元の導入の場面では，単元の目標（ゴール）を共有します。

単元の導入においては，はじめに目標や計画を示すのではなく，体験から入り，問題を見いだしていく方法をとられている方もいると思います。

今回で言えば，例えば食塩が溶ける様子を観察し，溶けてなくなっていく様子から食塩の行方について考えていくという展開も考えられます。もちろん，そうした導入も有効です。私も，単元によっては目標を示さず，活動が進むにつれて目標を焦点化していくこともあります。

ただ，**探究的な学びと位置づけた単元では，はじめに学習のロードマップを示すことが大切**だと考えています。

本単元では，画像のような学習マップを子どもと共有して，単元の目標と流れについて説明しました。

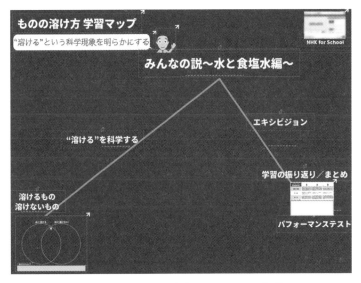

物の溶け方学習マップ（ロイロノートで作成）

## 主体的な学びには情報共有が必要

　学習マップの中には，単元のルーブリックも入っています。ルーブリックもこの時に提示し，目指してほしい学びの姿について共有します。

　みなさんの学校には，明日は理科があるという情報は持っていても，何をするのかはわからない，という子はいませんか。それは果たして主体的な学習者の姿であると言えるのかを考えてみると，はじめに学習のロードマップを共有する意味が伝わるかと思います。

　**子どもが主体的に学ぶためには，情報共有が必要**です。

　この単元ではどんな学びをし，どのような力を身につけてほしいと思っているのかを共有することが大切です。この学習マップは，言わば学びの地図のようなものです。地図をもとに学びを進めていくことで，より主体的で深い学びを目指します。

　マップに空白が多いのは，空いているところに活動中に撮る写真や動画，また配信されたデジタル資料などのデータを整理していくためです。子どもたちには，デジタルデータと紙のノートを行き来しながら学びを創る力を身につけてほしいと思っています。デジタルデータを取捨選択し，学習に必要なものをこのマップに整理していきます。こうして単元の学びを１枚にまとめることで，単元全体を俯瞰して見る力も高まります。いま何を学んでいるのかを意識し，既習事項との関連性を見いだしながら学びを進める姿を目指します。

さて，単元の目標を共有した後は「溶ける」という科学現象について，考えていきます。発散思考の場面です。

## 展開1

| | |
|---|---|
| 教　　師 | 「溶ける」って言葉，どんな時に使いますか？ |
| 子どもA | 砂糖がとける。 |
| 子どもB | アイスがとける。 |
| 子どもC | アイスは「溶ける」じゃなくて「融ける」なんじゃない？ |
| 子どもD | 「融ける」って，固体が液体になることだよね。 |
| 教　　師 | そうですね。「融ける」は，液体に変化することです。今回学習する「溶ける」とは…… |

## 展開2

| | |
|---|---|
| 教　　師 | 「溶ける」って言葉，どんな時に使いますか？隣の人やグループで話し合ってみてください。 |

↓

ペアワーク／グループワークへ

探究的な学びの文化をつくるためには，どちらの展開がよいでしょうか。

こうした場面，多くの場合で私は2のような展開を選択します。

探究とは学習者が自己選択・自己決定する学びであり，いかに学習者の考えをアウトプットする機会をつくり出すか，という視点が大切だからです。

**考えをアウトプットすることを習慣化する**ことで，学習者1人1人が自分の考えを持ちながら学習に取り組むことにつながります。ちょっとしたことですが，そうした日常の積み重ねが探究的な学びを支える土台となっていきます。

## 2・3時間目　溶けるもの溶けないもの

　食塩やさとう，片栗粉，あめ，チョコレート，発泡入浴剤，トイレットペーパーなど，学校でいろいろなものを用意しました。事前に呼びかけて，子どもが溶かしたいものを持って来てもよいと思います。溶ける・溶けないを簡単に予想させて，実際にいろいろなものを溶かす活動へ入っていきます。

　この場面，いろいろなものを水に溶かし，よく観察するという体験が重要です。よく観ることでいろいろなことに気がつきます。今回は，画像のようなベン図を使ってグループ毎に実験結果を整理させました。グループで行う理由は，多くのものを調べる中で，気づきを交流することが大切だと考えているからです。この場面，正解を求めているわけではなく，気づきを発散することがねらいです。他者とともに活動する中で，溶けるという現象を多面的に捉えていきます。

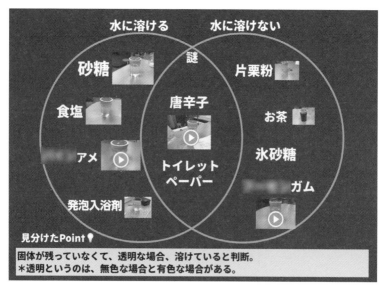

実験結果を整理したカード（ロイロノートで作成）

# 4・5時間目　溶けるもの溶けないもの

　前時の実験で判断の分かれたものについて，考えを深めていく時間です。時間に余裕があれば，ここも探究的な学びをデザインしやすい場面となります。私の経験上，判断が分かれるのは次の2つの場合です。

　①溶け残りがあるかないかで判断した場合
　②本体は残っているけど，成分は溶け出していると判断した場合

　①は，例えばあめやラムネです。あめやラムネはそう簡単にはすべては溶けません。それを完全には溶けてないという理由で，溶けないに分類するという考えが出てきます。

　②は，チョコレートや唐辛子，トイレットペーパーなどです。チョコレートを溶かそうとすると，水が少しにごりますが，本体はしっかりと残っています。唐辛子も，溶けた感じはしませんが，水が黄色くなっているのがわかります。そうした状態を溶けたと判断するグループと，本体がそのまま残っているから溶けないと判断するグループに分かれることが多いです。

　**こうした判断の分かれる状況は，探究のチャンス**です。

　明らかにする方法を考えさせ，実際に実験を行って確かめさせます。

　ただし，問題は時間です。探究的な学びにはいつも時間の問題がつきまといます。私はこの年，この単元を重点単元と決めて，全体で20時間とっていました。そうした状況であれば，ある程度自由に活動の時間を保障することができますが，そういう状況ばかりではありません。

　時間的に厳しい場合，教師の方で，課題や活動を焦点化することが必要です。この年，私はトイレットペーパーを課題に選択しました。実験が多様化するからです。また，トイレットペーパーは身近であり，一定数の子どもが「水に溶ける」と誤概念を持っている教材でもあります。

> トイレットペーパーは水に溶けるのか？
> 実験を通して明らかにしよう。

　という課題を提示しました。仮説を立てて，実験を企画します。基本グループ学習としましたが，グループで1つの実験というような制限をしていないため，メンバーに許可をとり，個人で動き自分の考えを試している子もいます。さて，この場面で子どもはどんな実験をすると思いますか。自由にさせると，教師が想像もしないような実験を行うグループが出てきます。

・トイレットペーパーにマジックで線を書き，水に入れて混ぜた時，線がなくなれば溶けたと判断する。
・トイレットペーパーを繊維レベルまで細かくちぎり，水に入れた時の反応を食塩などと比較する。
・とにかくかき混ぜて様子を観察する。　等

　その時点での，子どもの持っている知識レベルなりに科学する姿が見られます。大人だったら，ろ過したり，上澄み液を蒸発させたりという考えが真っ先に浮かぶと思いますが，それはあくまで大人視点だということを認識する必要があります。子どもたちにとって，こうして**自分の科学力をもとに挑戦するという経験が大切なもの**になります。

活動中の様子　　　　　　　　　　活動後の振り返りより

一通り試行錯誤させ，結果を共有した後に結論を伝えます。科学ですので，実際はどうなのか，正しい答えとその理由ははっきりとさせなければいけません。私は某アニメの名台詞「真実はいつも１つ」という言葉をよく使います。結論については，私がはっきりと伝えるようにしています。

　そして，どうすれば正しい結論にたどり着いたのか，ということも考えさせます。今回であれば，トイレットペーパーが溶けたかもしれない「上澄み液」を加熱し水分を蒸発させることで，溶けたかどうかをより科学的に判断できることを伝えました。

　改めて子どもたちに考えさせてもよいのですが，時間がない時ははっきりと伝えて，それを体験する方に時間をとることが多いです。その後，実際に体験しながら蒸発乾固というテクニックを学び，溶けているものは「透明で均質（どこをとっても同じ濃さ）」ということをまとめました。

　ここで同時にろ過についても学んでもよいでしょう。上澄みをより正確に取り出す方法としてろ過を紹介し，トイレットペーパーだけでなく，食塩水などを使ってやってみます。その後，ろ液を蒸発乾固することで，ろ過では，溶けているものを取り出すことはできないことも学びます。

蒸発乾固を体験する様子

　こうして，**探究的な学びをベースとしながら，学ぶ必然性をつくり出し，単元の学習内容として押さえるべきところはしっかり押えながら学習を進めていきます。**

## 6〜14時間目　みんなの説〜水と食塩水編〜

　単元のメインとして位置づけた探究的な学びです。この年は,「水と食塩水の見分け」を中心となる問いとして探究的な学びをつくりました。「水と食塩水を見分ける方法を考える」というシンプルな問いを通して,子どもたちが物の溶け方についてさらに深く学ぶことを目指しました。シンプルな問いを探究的な学びにつなげるために,活動のルールと学習形態を工夫しました。

---

教師：今日からみんなと考えていく課題を発表します。
　　　水と食塩水の見分け方です。見分ける方法はいくつかあると思いますが, 1つ思い浮かんだものをロイロノートで提出してください。ただし, 相談は禁止です。

---

　子どもたちは,すぐに提出をはじめます。ここは全員が提出するのを待ちました。次の画像が,実際の提出箱と出されたアイデアです。

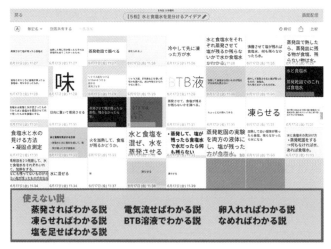

子どもたちがはじめに考えた水と食塩水の見分けのアイデア一覧

ここで，画像のようなカードを使って，活動について説明しました。

　「説」というのは，アイデアのことという補足をしながら，1人1人に水と食塩水を見分ける説（アイデア）を考えてほしいということを伝えました。

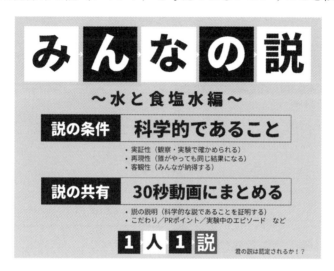

　条件として，はじめに出されたアイデアは使えないこと，そして他の人となるべく被らない，つまりクラスの人数分の説が生まれることを目指そうということを伝えました。

> ・1人1説（アイデア）を考える個別の活動
> ・はじめに出された説（アイデア）は使えない
> ・なるべく他者と被らない説（アイデア）を考える

　**3つの制限を加えることで，シンプルな問いを挑戦的な問いとすることを目指しました。**また大切にしてほしい視点として，「科学的な説」であってほしいこと，特に再現性と客観性を重視して，活動を進めるように伝えました。活動のアウトプットは「30秒動画」にして提出することもここで伝えています。

# 子どもたちの試行錯誤

　ガイダンスの後，早速子どもたちは動き出します。はじめにするのは，画像のような学習計画シートを提出することです。自由に実験をさせる時には，このような計画書を提出させるようにしています。

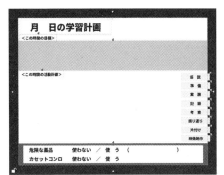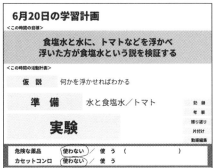

学習計画シート　右は実際に提出されたもの（ロイロノートで作成）

　理由は２つです。

　まず，学習者が自らの意思でこの時間の活動を決めるという意識を高めたいからです。

　次に，安全管理の問題です。子どもたちの活動を把握し，先回りして準備を進めていきます。特に危険が伴う実験の場合は，その子とよく確認をしてから実験に入らせます。特別な実験器具を使いたい場合は，事前に伝えるようにも話しています。内容によっては活動場所を制限することもあります。

　このシートはデジタルでつくっているので，コピーが簡単にできます。子どもたちは，コピーして内容を修正しながら毎時間提出しています。負担を減らすことで，毎時間継続することができます。

## 学習形態で「個別」を選択した理由

　学習計画シートの記入後，実際の活動に入っていくわけですが，今回の学習形態は「個別」としました。

　こうした探究的な学びに取り組ませる多くの場合，学習形態として「グループ」が選択されます。理科はグループワークの体験の場としては最適です。私も基本はグループ学習を選択しています。特に，火を使う実験など，リスクがある活動については，グループで多くの目で確認しながら進めることでより安全に活動を進めることができます。

　しかしその一方で，グループ学習で「本当に1人1人に力がついているのか」ということは考えなければいけないことだと思っています。

　東京学芸大学の高橋純氏の講演で「**実験で協働するのではなく，実験データで協働する**」という言葉を聞きました。日本は実験で協働しようとするが，海外（北欧の教育を例に出されていました）は実験データで協働する，という文脈でした。

　この言葉を聞いた時，私は雷に打たれたような思いでした。それからは安易にグループ学習を選択しないようにしています。これはグループか個別かという問題でもないのですが，子ども1人1人が科学者となり，より高次のレベルで協働することを目指したいという気持ちを強く持っています。

　協働＝楽しく実験する・仲良く実験することではありません。子どもたちに感じてほしいのは，知的な楽しさです。

　2章でも書きましたが，個別のデメリットは習熟差が顕著に表れることです。しかし，習熟差を隠したところで，子どもに力がつくわけでもありません。個別とすることで，その子がグループ学習ではきっと体験できなかったであろう，多くの失敗を通して学ぶことができるかもしれません。

　たとえ，**目標に達しなかったとしても，そうした経験はその子の財産になる**のではないでしょうか。探究では，そういう考え方も大切です。

ただし，子どもが惨めな思いをしてしまうような活動は避けるべきでしょう。正解がある程度決まっている，できる子しかたどり着かないような課題を個別の活動とするのは良くないと思います。また，失敗が許容される学級の雰囲気もベースになくてはならないものです。

　今回の「水と食塩水の見分け」という課題は，次の画像のように答えが無数にあります。そして，実験をしていく中で新しいアイデアが生まれやすい課題です。苦手な子でも，**とりあえずやってみるという行動が，新しい発見につながる教材**なのです。

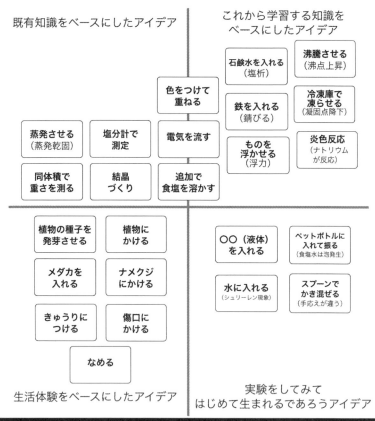

既有知識をベースにしたアイデア

これから学習する知識を
ベースにしたアイデア

石鹸水を入れる
（塩析）

沸騰させる
（沸点上昇）

色をつけて
重ねる

鉄を入れる
（錆びる）

冷凍庫で
凍らせる
（凝固点降下）

蒸発させる
（蒸発乾固）

塩分計で
測定

電気を流す

ものを
浮かせる
（浮力）

炎色反応
（ナトリウム
が反応）

同体積で
重さを測る

結晶
づくり

追加で
食塩を溶かす

植物の種子を
発芽させる

植物に
かける

〇〇（液体）
を入れる

ペットボトルに
入れて振る
（食塩水は泡発生）

メダカを
入れる

ナメクジ
にかける

水に入れる
（シュリーレン現象）

スプーンで
かき混ぜる
（手応えが違う）

きゅうりに
つける

傷口に
かける

なめる

生活体験をベースにしたアイデア

実験をしてみて
はじめて生まれるであろうアイデア

**想定していた水と食塩水の見分け方のアイデア**

# とりあえずやってみる環境をつくる

　実際の活動では，何をしたらよいかわからない，という子も一定数出てきます。そうした子たちは，次のような学習計画カードを提出しています。

　仮説を立てるためには，まず行動することが大切です。仮説→実験も大切ですが，実験→仮説の流れこそが，探究では重要なものとなります。**手を動かす中で，気づきが生まれ，その気づきを問いとして仮説を立てていく能力**，いわゆる課題発見能力です。この力を育てたいと思っています。

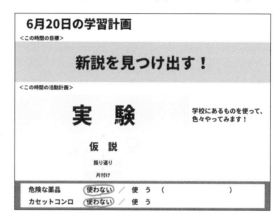

今回も，とりあえずやってみるという環境をつくるために，教師側の方でいくつかの素材を用意しておきました。といっても，特別に用意をしたものは少なく，これまでの実験で使ったものや理科室に合ったものをかき集めて並べておいただけです。

---

- ・1次で使った水に溶かそうとしたもの（食塩　砂糖　あめ　ラムネ　入浴剤　片栗粉　など）
- ・学校にあるいろいろな液体（墨汁　絵具　食紅　醤油　など）
- ・発芽の実験で使ったもの（インゲンマメの種子　脱脂綿　ヨウ素液　など）
- ・各種文房具（えんぴつ　消しゴム　のり　など）
- ・理科工作で使う各種素材（木片　BB弾　ビーズ　ラメ　など）

---

子どもたちは，そこから自分で選択して，思い思いの実験をしています。

大人からはどう見ても遊んでいるようにしか見えない子もいますが，そうした子を観察していると，そこから何かしらの発見をしているからおもしろいものです。

今回の活動は，個人で誰とも被らない説（アイデア）を考えて動画にして提出することを求めていますが，活動中はどこで誰とやってもよいというルールにしています。コミュニケーションを取る中で，新しい発見をし，自分なりの理論を見いだしていく姿も見られます。

本授業における理科室の環境は図の通りです。火を使える場所だけ決めてあります。水道と製氷機の近くであり，人が集まりにくい場所を指定しています。

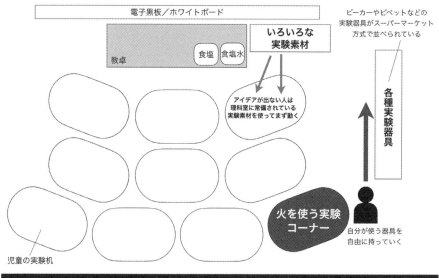

本授業における理科室環境

## アウトプットを動画にした理由

　1つの説の検証が終わった子は，別な説を検証していきます。そして，どの説を動画にするかを考えて，動画編集へと入っています。

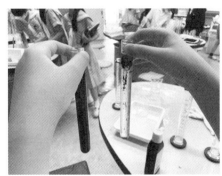

活動中の子どもたちの様子

　今回のアウトプットを動画としたのには理由があります。
　学習形態がグループ学習であれば，ポスターセッション形式にしたいと思っていましたが，今回は「個別」です。
　学習者には，いろいろな説を見いだしてほしい，つまり実験に最大限の時間を使ってほしいと思っていました。それは教師の願いです。
　その上で，生み出された成果については，より多くの人に届け，多くのフィードバックをしてほしい。それは学習者の想いだと思います。そうした願いと想いを実現するのが「動画」というアウトプットです。
　また，前の学習ではレポートをアウトプットに選択していて，同時に他教科ではプレゼンも抱えていたという状況も加味しました。そうしたことを総合的に考え，「動画」というアウトプットを選択しただけであり，それが正解というわけではありません。この学年の子たちは，動画編集に慣れていて，大きな負担感なく短い時間でつくることができたという背景もあります。

## 動画編集とフィードバック

　30秒動画には，説の「説明」と「理論」の２つを求めました。どんな説なのか説明するだけでなく，なぜその説が成り立つのかという科学の部分を大切にするように伝えました。動画編集は，子どもたちの好きな方法で行っています。友だちに撮影してもらい，編集なしの一発撮りをしている子もいれば，端末やブラウザ上のソフトを使って編集している子もいます。30秒という時間は，簡潔にまとめる力を高めたいという想いとともに，互いに見ることを前提としているので，なるべく短めの時間を設定しました。あくまで目安であり，多少前後しても問題ないこととしています。

　全員が１つ以上の説（アイデア）を30秒動画にまとめ，Padletへ提出した後は，互いの作品を見てフィードバックし合う時間です。

Padletへ提出された動画（ブラウザ上で再生することができる）

　まずはペアワークでのフィードバックです。端末を持って席を立ち，誰かとペアを組み，互いに自分の説についてのプレゼンをします。

聞いている方は，それに対してフィードバックをします。ペアを替えて３セット程行いました。その後は，Padlet内でのフィードバックに移ります。まずは同じ班のメンバーの動画を見て，コメントし合いました。その後は，自由に見て，コメントする時間をとりました。

## 15〜16時間目　エキシビション

　エキシビションは，探究的な学びにおいてしばしば使われる言葉です。多くは，成果発表会や展示会の意味で使われます。
　今回のエキシビションは，気になった他者の説について実際に試す時間としました。誰とするか，何をするかについては，比較的自由にやらせました。様子を見ていると，ペアやグループをつくって実験をしている子が多かったです。他者の説を実際に試したり，自分の説を他者に説明したりと多様な姿があります。そうした中で，他者の見方や考え方に触れることができたと感じています。

## 17〜18時間目　学習のまとめ／振り返り

　子どもたちから出された説をもとに，学習のまとめを行いました。アイデアを理論と結び付けていく時間です。たくさんのアイデアが出されましたが，ベースとなる理論で見ていくと，数個に分けることができます。
　食塩水の方が重いという理論を使ったアイデアから，ものは溶けても存在することをまとめ，水の方がたくさん溶かすことができるという理論を使ったアイデアから，溶ける量には限度があることをまとめていきます。
　また，色水の層をつくっていたアイデアから関連させて，溶ける量は水の温度や溶けるものによって変わることをまとめていきました。１次で扱った溶けたものの取り出し方についても，改めて整理しています。
＊19・20時間目のパフォーマンステストは時期を空けて実施しました。

最後に，単元の振り返りを行います。単元の振り返りは，毎時間の振り返りとは違い，学んだことだけでなく，自身の学び方についても振り返らせます。その時に使うのが，単元のはじめに共有したルーブリックです。

　ルーブリックを使って，観点を明確にしながら，振り返りをしていきます。

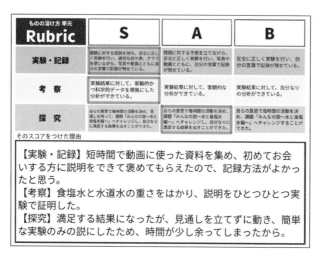

子どもが提出したルーブリック（ロイロノートで作成）

記録写真や動画を入れて完成した学習マップ

# 指導案

　本単元の10時間目は，公開授業研究会でした。以下，その時の指導案です。探究的な学びの１時間を指導案にするとこのような形となります。

| 時間 | 学習プロセス・期待する児童の活動 | 子どもの活動を支える手だて・留意点 |
|---|---|---|
| 0分 | **前時の振り返り**<br>**本時の目標と活動の確認** | 活動のゴールとルール，本時のタイムライン，今後のスケジュールを確認する。 |
| 2分 | **計画／宣言**<br>・この時間何を目標にどんな活動をするのか，ロイロノートで目標と活動のタイムラインを提出する。提出できた人から活動へ。実験に必要なものは，自分で用意をする（想定されるものや器具は，理科室の前に並べてある）。<br>・迷っている人は，思考＆相談タイム。 | **安全管理（事前）**<br>・火を使う予定の児童の数を確認し，火を使える机を指定する。<br>＊火以外にも，危険な薬品や器具を使う子がいることが想定される場合は，その子へ薬品や器具を手渡しする際，注意点を確認する。 |
| 5分 | **活動**<br>アイデアの検証（仮説が立っている人）<br>・よりわかりやすく伝えるためにデータを集める。<br>・実験の際は科学的に明らかにすることを意識する（特に再現性と客観性）。<br>・検証が終わった人は動画編集。<br>アイデアの模索（仮説が立っていない人）<br>・あるものを使って，いろいろと実験をする中で新たな発見をする。<br>・他者と対話する中で新たな発見をする。<br>＊活動をしながら記録をとっていく。 | **机間巡視**<br>・対話を通して，子どもの活動を価値づける。<br>・様子を見ながら，より科学的なアイデアとなるように気づきを与える（引き出す）。<br>・手が止まっている子がいれば，同じようなアイデアを検証している子を紹介し，情報交換するように促す。<br>**安全管理（活動中）**<br>・机間巡視をしながら，安全管理，実験の支援を行う。 |
| 35分<br><br><br><br><br>45分 | **振り返り**<br>・本時の活動と成果について，２人以上に説明する（ペアワーク）。<br><br>・学習の振り返り「今日の学び」を書く。<br><br>片付け | 安心して伝え合える場を整える<br>＊自ら発言し，相手に理解してもらうという本質的な喜びが感得されると共に，相手とのやり取りの中で，本時の活動が整理され，新たな気づきが生まれることをねらいとする。<br>・書くことで振り返り，省察することにつなげる。 |

## \ 4 /

# 6 年
## 〜教科横断で行う 6 年間の集大成「卒業研究」〜

　私の学校では，小学校理科の最後の学習として，2013年より「卒業研究」に取り組んでいます。自分でテーマを決め，研究を進める言わば「自由研究」です。そうした学習をカリキュラムに位置づけています。

　2018年からは，理科だけでなく，国語・社会・算数・英語との教科横断型の学びとして実施し，最後は「卒業研究発表会」を行っています。

　この取り組みをはじめた背景には，子どもたちが 4 年間の理科学習を通して身につけた科学力を発揮する場をつくりたいという想いがありました。

　今年で10年目となりますが，1 年目に私が発行している理科通信に次のような記述がありました。

---

　最近の子どもは良くも悪くも効率を求める子が多いと感じています。疑問が生まれても，誰かに聞いてなんとなく理解して済ませよう，またの機会でいいや放っておこうという姿を目にすることがあります。実際に実験をして調べようという子は，ほとんど見られなくなってしまいました。これは子どもだけでなく社会でも同じです。「自分がしなくても誰かがやるだろう」と気力の弱い人が増えてきていると感じます。それも時代の流れなのでしょうが，小学生の頃からそういう考えでは困ります。

　疑問や興味関心のあることを実際に自分で実験をして調べる，という体験は絶対に必要です。もちろん，そうした問題解決のプロセスは通常の理科授業でも十分に体験していることですが，どうしてもゼロから 1 人で体験して欲しいという想いがありました。今回はじめて研究に挑戦する子が多く，みんなが満足のいくものができたとは言えないかもしれません。しかし，ここで体験したことは絶対に将来生きてくると信じています。

　　　　　　　　　　　　　　　2013年 3 月発行　6 年理科通信より

---

当時の私は，０から１を創れる子になってほしいとの強い想いを持って，この活動をスタートしました。

　ゼロから自分の力で研究に取り組み，レポートを提出するということは，他教科でもできます。しかし，理科は観察や実験という体験を伴った学びだからこそ，調べ学習などではわからない，研究の難しさを実感でき，結果が見えるからこそ，大きな達成感につながるのです。

　実際にやってみると，同じ空間で，子ども１人１人が異なる研究に取り組んでいるというのは，何ともおもしろいものです。１人１人が科学者となり，時には相互に影響を及ぼしながら，活動を進めているのです。中間発表として，互いの研究を説明し合う時間なども設けながら進めていきました。

　私にとって，そうした空間は，とても心地よいものでした。目指したい理科の授業が，ここにあったという感覚を持つことができました。この時の体験が，いまにつながっているのだと思います。当時は研究を１枚のレポートにまとめ，最後に冊子にして配布していました。

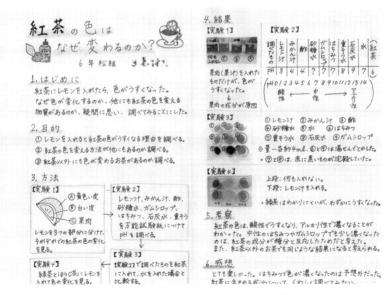

実際に提出されたレポート（以前は紙で）

しかし，大変です。特に1年目はものすごく大変であったことを覚えています。何せ1人1人が単元も分野もまったく違う実験をしているのです。事前の準備，そして活動中の安全確認が何より大変でした。

　また当時は，子どもが使えるICT機器もデジカメくらいしかなく，実験計画書などのやりとり，またレポートもすべて紙ベースで行っていて，確認するだけで大変でした。提出漏れなどの間違いも格段に起こりやすかったです。

　現在は，ICT機器が入ったことで，活動をシームレスにつなげることができるようになり，だいぶやりやすくなったと感じています。

　さて，これまでの10年を振り返って，卒業研究の一番の成果としては，小学校における学習のゴールができたことです。**卒業研究を前にした時に，困ることのないスキルとマインドを育て，何よりもこの卒業研究を知的に楽しめる子に育てたいという明確なゴールができました。**

　そうした子を1人でも多く育てるには，日常の学習をどうすればよいか，卒業研究というゴールを意識して授業デザインをするようになりました。

　また，卒業研究を繰り返す中で，子どもの姿を通して，授業の課題やカリキュラムの課題が明確になり，それを改善につなげることができています。

　前置きが長くなりましたが，こうした「自由研究」も，学校教育の中で取り入れることのできる探究的な学びと言えるのではないでしょうか。

　自由研究は，これまで紹介してきた探究的な学びと決定的に異なることがあります。それは，テーマの設定から学習者にゆだねているということです。これまでに紹介してきた実践アイデアでは，テーマについては教師の方で決めているものがほとんどです。そのテーマの中で，問いを立てて探究へ向かう授業デザインでしたが，自由研究のような学びはテーマを決めるところから学習がスタートします。そういった意味では，より高次の探究と言えます。ここでは，理科における自由研究のポイントを紹介します。

## テーマ設定

　研究の肝になるのは，研究テーマの設定です。私は，過去の先輩たちの研究を紹介しながら，主たる研究テーマについて説明をしています。大きく分けて，以下3つのカテゴリーで紹介しています。

### 1．動物学／植物学

　生物を使った研究をしよう！　こん虫やペットを使って，食べ物や行動について研究する動物学。植物をジュースで育てたらどうなるのか，などアイデア次第でおもしろい研究につながる植物学。新しい発見が期待できる分野。以下，過去の研究例。
- ・魚の解剖（いろいろな魚を解剖して比較し，まとめる）
- ・カエルの飼育（カエルを飼育して，生態を調べる）
- ・プランクトンの研究（ビオトープのプランクトン調べ）
- ・炭酸水で植物を育てよう（豆苗を炭酸水で育ててみる）
- ・カビの研究
- ・校庭の植物マップをつくる

### 2．身のまわりの科学

　いつも使っているものを科学的な目で見直してみよう。これはどうしてこういう形をしているのだろう？
- ・洗剤王者決定戦（身近な洗剤の洗浄力を比較する）
- ・スーパーボールロケットの研究（より高く飛ばす方法を考える）
- ・アルコール消毒ってホントに消毒できるのか!?
- ・キッチンサイエンス（料理の中の科学を探し，実践する）
- ・10円玉磨き（身近なもので10円玉をきれいにする）
- ・理科のおもしろい動画をつくる

## ３．挑戦

　大きなミョウバンの結晶をつくりたい。より遠くに飛ぶ紙飛行機をつくりたい。ギネス級のチャレンジ待っています。
・透明標本づくりにチャレンジ
・小型飛行機をつくる（マイクロモーターを使った飛行機づくり）
・フルーツ電池（どんなフルーツがよいのかを研究する）
・ビスマスの結晶，つくってみた
・ウズラの卵をふ化させよう
・絶対に割れないシャボン玉をつくる
・魔法薬の開発（RPG に出てくる魔法薬を再現する）


　研究分野については，天文学や地質学など幅広くありますが，学校の授業の中で，実験や観察などの実体験を通して学ぶことを前提としたいので，こちらには掲載していません。
　最近では，自由研究について紹介されているサイトや動画がたくさんあります。研究の例や研究の進め方など，とても参考になります。

プラネタリウムをつくる研究

うずらの卵をふ化させる研究

## 実際の様子について

　研究が本格的にスタートするのは，卒業前の2月です。約1か月かけて取り組んでいます。現在は教科横断で行っているので，週に6〜8時間ほどの時間をとっています。テーマについては，1学期の間に決めている子が多いです。1学期にテーマ探しの時間も設けていますが，子どもたちは最後の学習が卒業研究であることを知っているので，既に決めている子も多く見られます。

　卒業研究は，基本的に個人研究で進めています。理科だけで行っていた時は，実験・観察・工作などの具体的な活動を通してまとめることを条件としていました。教科横断の学習となった現在，理科以外の研究をしている子も，閉じた研究にしないために，専門家にインタビューしたり，外部にアンケートをとったりしながら研究をまとめていくことを求めています。テクノロジーの進化で，Web会議システムを使えば，学校にいながらにして専門家に話を聞くこともできますし，Googleフォームなどのシステムを使えば，簡単にアンケートを展開することができます。在校生や保護者に協力していただき，アンケートをとって，そのデータをもとに研究をまとめるという姿も多く見られるようになってきて，より質の高い研究につながっていると感じています。実際の活動には，数名の教員が関わっています。子どもたちは，教室を中心に，理科室や図工室も使いながらそれぞれの研究を進めていきます。

ビスマスの結晶の研究

ビオトープの水をすべて抜く研究

## 卒業研究発表会

　最後のアウトプットは，理科だけで行っていた時はレポートでした。デジタルを使うことで，結果の記録・整理からレポート作成までがシームレスに行うことができ，活動時間をしっかりと確保できました。

　現在は，卒業研究発表会を行っています。5分間の口頭プレゼンテーションと3分間の質疑応答です。聴衆は5・6年生児童，そして6年生保護者です。同時にライブ配信も行っていて，他学年の保護者も見られるようになっています。

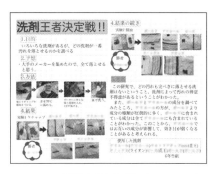
提出されたレポート

卒業研究発表会の様子

## 実践を振り返って

　自由研究というのは，一番取り入れやすくも，一番難しい探究的な学びです。個人研究の場合，個々の差が大きく表出します。しかし，だからこそ体験させる価値があるとも言えます。テーマ設定から自分で行うという学び，小学校の中でどれだけ体験させることができているでしょうか。

　このような経験が，子どもたちの人生を支えていくものとなります。私の学校では，6年間の学習の核としてこれからも研究を進めていきます。

# 6章

## 科学コンテスト
### のすすめ

# \\\ 1 /// 科学コンテストを授業に取り入れる

　私は，目指す授業は鳥人間コンテストと表現しています。

　ゴールとルールが明確であり，ゴールに向かって夢中で取り組む。そこに正解はなく，チームでコミュニケーションを取りながら試行錯誤を繰り返すプロジェクト型の学び。終わった後に残るのは，大きな達成感。全力で臨んだからこそ，また新たな学びが生まれる─。

　小学生の段階で，そんな体験を1つでも多くしてほしいと思っています。そんな想いで，カリキュラムの中にいくつかの科学コンテストを取り入れています。そこでは，どの子も夢中になって取り組みます。答えのない問いに対して，楽しみながら全力で向かってきます。あの子の，授業とは違う姿が見られるのです。

　そうした姿を見ていると，子どもは探究する力を持っていることに気がつかされます。**子どもは探究が好きで，得意**なのです。そんな姿を目の当たりにしたことが，私が探究を探究し始めたきっかけでした。もう10年以上も前のことになります。

　実施している科学コンテストは，単元の学びと関連させて実施しているものもあれば，単元の学びと切り離して独立して行うこともあります。

　ここでは，私の学校で実施している科学コンテストについて，整理してまとめています。こうしたシンプルに科学を楽しむ場をつくることが，日常の授業にもいい影響を与えています。子どもが探究しやすい環境，雰囲気が醸成されるように感じるのです。何より，授業では見られない，あの子の夢中な姿が見られます。探究には，こうした大きな魅力があります。

# 単元の学習の中で実施した科学コンテスト

「光リレーコンテスト」（3年光の性質）
鏡を使って光をリレーして，暗室にある暗号を読み解くコンテスト。

「空気でっぽうコンテスト」（4年空気と水の性質）
玉をどこまで遠くに飛ばせるかを競うコンテスト。4章に掲載。

「DAISO 電車グランプリ」（4年電流の働き）
　DAISO で購入したモーターで動く電車を改造し，速さを競う科学コンテスト。理科室の中に大きなコースを設置（写真参照）。

「最強の電磁石コンテスト」（5年電流がつくる磁力）
　乾電池1個で電磁石をつくり，何個のクリップを引き付けることができるかを競うコンテスト。4章に掲載。

「発電プロジェクト」（6年電気の利用）
　モーターを回して発電し，3段階に設定されたミッションのクリアを目指すコンテスト。4章に掲載。

＊単元の学習と切り離して，「ペーパーブリッジコンテスト」や「紙ボートコンテスト」なども行っています。次節からは，特におすすめな「エッグドロップコンテスト」と「ペットボトルロケットコンテスト」を紹介します。

電車グランプリの様子

# \2/ 科学コンテスト＃1
## ～「Egg Drop Contest」～

## コンテスト概要

　エッグドロップコンテストとは，落下した卵が割れないような装置を制作し，その性能を競う科学コンテストです。米スタンフォード大学の機械科では必修実験だったことがあり，有名になりました。

　日本でも，各地でコンテストが開かれています。私の学校では，6年生で実施していますが，ルールを調整することにより，他学年でも実施可能な科学コンテストです。

| 対象 | 必要な時数 | 関連する単元 | 学習形態 |
|---|---|---|---|
| 3～6年生 | 4～8時間程度 | 特になし | 個別<br>ペア<br>グループ |

活動の様子

## ルールと評価

　私の学校では，３階の図書室や家庭科室（高さ約10m）から卵を落としています。落下する地点が人工芝のため，ルールを少し厳しくしています。

### 〈装置のルール〉
①使用してよい材料は，学校が用意した画用紙とセロハンテープのみ。
②装置の重量は30g以内とする。卵の重さはこれに含めない。
③装置の大きさは，一般的なドアや階段を通過できなければならない。

### 〈競技のルール〉
①装置の落下は競技者が行う。
②装置の最下点を所定の高さに合わせて落下させる。
③装置が落下し，完全に静止するまで競技者はこれに触れてはならない。
④装置が完全に静止した後，競技者は校庭に降りて卵を装置から取り出す。

### 〈評価について〉
　評価は４段階評価とし，それぞれの計算式で点数化して順位を算出。

| 評価 | 基準 | 計算式 |
|:---:|:---:|:---:|
| ◎ | 卵が無事で赤円内（直径１m）に着地 | 100点－（装置の重さ） |
| ○ | 卵が無事で白円内（直径３m）に着地 | 80点－（装置の重さ） |
| △ | 卵は無事だが，圏外に着地 | 60点－（装置の重さ） |
| × | 卵が損傷（小さなヒビもアウト） | ０点 |

## 活動の流れ

| | 学習活動 |
|---|---|
| 事前準備 | ・画用紙とセロハンテープ<br>・電子天秤などの秤（重さを測る）<br>・卵（私の学校はゆで卵を使用） |
| 導入 | **コンテスト開催発表**<br>・過去のコンテストの映像を見る。<br>・ルールと評価について知る。 |
| 展開 | **プロテクター制作**<br>・どのような装置が良いか考えながらプロテクターを制作する（インターネット検索OK）。<br>・卵と同じ重さの粘土などを使って試行錯誤する。<br><br>**コンテストへのエントリー**<br>・①装置の写真，②装置の名前（〜号），③装置の重さ（g）の3点を授業支援システムを使って送信する。<br>・抽選をし，競技の順番を決める。<br><br>**コンテストに参加する**<br>・コンテストは1度きり。プロテクターに卵を装着し，順番に卵を落としていく。 |
| まとめ | **結果の共有と活動の振り返り**<br>＊MVPと上位10名の作品を発表している。 |

# メッセージ

とにかく盛り上がる科学コンテストです。コンテストの説明をする時に，過去のビデオや先輩たちの作品を見せています。そうすることで，子どもたちのアイデアが一気に広がり，多種多様な装置が出てきます。

成功させようと思ったら，なるべく多くの紙を使った方が成功率は上がります。また，パラシュート型だと，落下スピードを落とすことができます。ただし，当日風が強いかもしれません。そうすると MVP はねらえなくなります。そうした様々なことを自分で考えながら活動を進めるところに，おもしろさがあります。

ちなみに，私の学校は前述のルールで行っていますが，ルールは大会によって様々です。対象が高校生や大学生の場合は，的と落下地点との距離という要素や，落下時間という時間的な要素まで評価に入れる場合もあります。また，卵を落とす高さと着地点の材質によって，その難易度は大きく変わるため，事前にいろいろと試してルールを調整することが必要です。

私の学校では，2008年から毎年行っていますが，歴代最高は 8 g の装置です。その映像は伝説の映像として，いまでも見せ続けています。私も毎年のように参加していますが，未だにその記録を破れていません。どの子も対等に競い合える，本当にワクワクする科学コンテストです。授業でなくとも，学校のイベントとして開催してもおもしろいと思っています。

# 科学コンテスト＃2
## ～「ペットボトルロケットコンテスト」～

## コンテスト概要

　ペットボトルロケットをつくり，どこまで遠くへ飛ばせるかを競う科学コンテストです。私の学校では，6年生で実施しています。

| 対象 | 必要な時数 | 関連する単元 | 学習形態 |
|---|---|---|---|
| 5・6年生 | 4〜8時間程度 | 特になし | 個別<br>ペア<br>グループ |

## ルールと評価

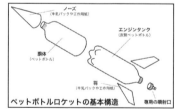

**ペットボトルロケットの基本構造**

〈ルール〉

　制作のルールとしては，ペットボトルロケットの心臓部，エンジンタンクに使えるペットボトルは，500mL に限定しています。その他はすべて自由です。炭酸ペットボトル，牛乳パックや工作用紙，ビニールテープを使って，ロケットをつくります。

　発射する時のルールは，角度65度（台は固定しています），空気圧は500kPa です。空気圧が可視化される自転車の空気入れを使って，空気を入れます。この500という数字は，予備実験を繰り返して導いた数字です。私の学校は狭いので，これ以上空気を入れると，校舎を飛び越えてしまうのです。ぎりぎり飛び越えない数字に設定しています。

〈評価〉

　飛距離を測定するのではなく，いくつかの到達ポイントをつくっています。そこを越えれば，得点できるしくみです。私の学校の場合，狭いこともあり，校舎にあたる前提で画像のような基準になっています。活動期間中，何回でも飛ばしてよいことにし，その中で一番良かった結果を記録としています。

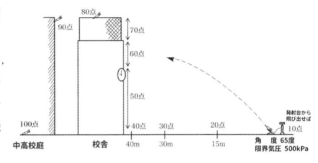

## 活動の流れ

| | 学習活動 |
| --- | --- |
| 事前準備 | ・炭酸ペットボトル（500mL）　大量<br>・牛乳パックや工作用紙　・ビニールテープ<br>・専用の噴射口　・発射台と自転車の空気入れ（2セット） |
| 導入 | **コンテスト開催発表**<br>・ペットボトルロケットの演示を見る。<br>・ルールと評価について知る。 |
| 展開 | **ペットボトルロケット制作**<br>・工夫してロケットを制作する。<br>**記録を計測する**<br>・計測は何度でもできる。<br>＊記録は，授業支援システム上でリアルタイムに共有している。 |
| まとめ | **結果の共有と活動の振り返り**<br>＊MVPと上位5グループの作品を発表している。 |

## メッセージ

ペットボトルロケットをやったことがあるでしょうか。

ないのならぜひやってみてください。実際に目の当たりにすると，驚くほど遠くまで飛んでいきます。500mL のペットボトルロケットでも，100m 近く飛ぶロケットをつくることができます。それを見ただけで，心は踊り，自分でもやってみたくなるはずです。

しかし，いざやってみると，そう簡単でないことに気がつき，形・重さ・バランス，様々な要素を工夫し始めることでしょう。

場所も時間も使い，準備も大変なコンテストですが，子どもたちには一番人気の科学コンテストです。

コンテストの様子

＊見学しているのは，附属の幼稚園生。

コンテストをやっていると，いろいろな人が見に来ます。

# 7章

# 理科と探究
## Q&A

**どうしても調べ学習で閉じてしまう。
どうすればいいの？**

　探究的な学びの核となるのは「中心となる問い」です。

　本質的・挑戦的・体験的な問いであり，問いの先に新しいアイデアを考える，何かをつくるといった「創造」を描くことが大切です。

　例えば，生きものについて学習する時，「生きものの暮らしを調べよう」ではなく，本書でも紹介している「図鑑をつくろう」という創造をベースにした問いを設定することで，体験的に学ぶことができ，結果的に暮らしについても調べることになります。

　**理科では「体験的に学ぶ」ということが極めて大切**です。五感を使った活動を伴う探究をつくりましょう。そうすることで，調べ学習に閉じない学びをつくることができます。体験する中で課題が焦点化され，深い学びになります。とりあえずやってみる，という環境をつくることが大切です。

　問いづくりのポイントは，２章でまとめていますが，１つ付け加えるならば，「なぜ」からはじめる問いは，理科では極力使わないようにしています。「なぜ」は子どもたちからは，多く聞かれる言葉ですが，それをそのまま問いにしてしまうと，探究的に学ぶことが難しくなります。

　「なぜ磁石のN極とS極は引き付け合うのか」

　「なぜ水は沸騰するのか」「なぜ空は青いのか」

　いかがでしょうか。「なぜ」は理由を問う言葉であり，科学的に検証するのに適していないのです。そういう疑問は，個人で探究させるとよいと思います。いわゆる自学です。自分で調べたり，大人に聞いたりしながら迫っていく姿は，まさに探究の姿です。調べ学習がわるいのではなく，学校の授業が調べ学習で閉じてしまうことに問題があります。限られた時間で，自己選択・自己決定を最大化するには，活動を伴う学びが必要なのです。

**Q** 教科の学習の中での探究はやっぱり難しい。
何から始めればいいの？

　子どもが日常で興味を持った理科的な事柄について，交流するところから
はじめてはいかがでしょうか。

　ICT を日常レベルで使えるようになったことで，「情報の共有」だけでな
く，「体験の共有」ができるようになりました。ある子が体験したこと・調
べたことを，全体へ簡単に展開できるようになりました。

　Google クラスルームや Padlet などのオンライン掲示板を使って，子ども
が投稿できるようなプラットフォームをつくれば，子ども同士で交流ができ
ます。私も，日常の理科的発見を交流する「発見ポスト」というオンライン
掲示板をつくって，子どもたちと様々に交流しています。おもしろい発見や
体験が投稿されると，その体験が連鎖することが往々にしてあります。「僕
もやってみよう！」「私も見つけたよ！」，こんなやりとりが日常に見られま
す。

　こうして遊びの延長からスタートするのはいかがでしょうか。継続してい
くと，それをきっかけにした自学が出てきたり，夏休みの自由研究へとつな
がったりと，広がりを見せます。探究の種が，たくさん蒔かれていきます。
そのような中で，投稿の内容を単元の学習と関連させて，授業をつくること
もできると思います。

　毎日でなくとも，大型連休や夏休みに意図的に取り組んでみることも有効
です。**子どもに内在している理科的な興味・関心を可視化し，全体で共有す
ることで，子どもたちの知的好奇心が高まり，探究の文化が醸成**されてきま
す。そして，余裕があれば，1 年に 1 単元，探究的な学びを意識した単元計
画をつくってみてはいかがでしょうか。理科で難しければ，総合の時間など
を使って，探究的な学びを実践してみることもできます。そうした積み重ね
が教師としての「財産」となっていきます。

**結局，学習形態はグループか個別，どっちがいいの？**

　探究は，答えのない学びです。答えのある学びに比べ，他者とのコミュニケーションの重要性をより感じながら学習を進めることができます。

　他者とコミュニケーションを取りながら，見えないなりゆきを追いかける力というのは，これからますます必要となる力です。大人の社会でも，チームを組み，プロジェクトを進めるという仕事の仕方が多くを占めています。

　科学の世界に目を向けても，近年は1人の研究で大きな成果を出した方はほとんどいません。近年の日本人のノーベル賞受賞者を見ても，海外の研究者とコラボレーションして進めた研究が大きな成果につながっています。そうしたコミュニケーション力，コラボレーション力はこれからの時代に必須の力となりました。

　一方で，個の力を高めることも重要です。

　より良いコミュニケーション・コラボレーションを生み出すには，1人1人の力が必要です。それは特別なスキルを持っているということではなく，1人1人が自分の考えを持っているということです。自立した集団からしか，イノベーションは生まれません。

　個別最適や協働が注目されていますが，そのベースになくてはならないのが「自立」です。**自立した学習者を育てるために，学習形態を工夫する**という視点が大切です。どちらが良いという正解はなく，目の前の子どもたち・状況に合わせて選択し，学習者の自己選択・自己決定を生み出していきます。そして，学習形態を選択するのは，時に学習者自身であるという視点も忘れないようにしたいものです。

**パフォーマンス課題は探究ではないの？**

　パフォーマンス課題とは，習得した知識・技能を活用することを求める課題です。パフォーマンス課題は，もう一つの PBL（Problem Based Learning）の一種と捉えることができます。方法も様々で，思考を中心にするような課題もあれば，実技を求める課題もあります。私は，パフォーマンス課題を，子どもたちが科学力を発揮する場の位置づけとして研究・実践してきました。

　さて，結論から言えば，パフォーマンス課題は探究か否か，という問いについて深く考えることに大きな意味はないと思っています。どんな学びも，やり方次第では素敵な探究になるでしょう。

　ただ，そのような考えを前提として，パフォーマンス課題＝探究という捉えには警笛を鳴らす必要があると考えています。

　例えば，理科で有名な「謎の水溶液（ミステリーウォーター）」というパフォーマンス課題があります。見た目は同じいくつかの水溶液を，実験を通して見分けるという課題です。仮に5つの水溶液とします。

　5つの水溶液の候補は示した上で，子どもたちはどのような実験をどのような手順で行えばよいかを考え実践します。子どもたちは，過去の実験結果や資料を手掛かりにしながら実験を企画し活動を進めていきます。

　この実践は問題解決型学習ではあるものの，問題解決が連続して起きているとは言い難い活動だと思っています。結局は，教師の掌で動いているだけに過ぎないのではないか，という想いを自分への戒めとして持っています。

　こうした学びは，科学の楽しさを味わう上でも必要な学びです。

　しかし，目指すべき探究的な学びは，もっと先にあります。**こうした学びで探究の文化をつくりながら，真の探究を追い求めていく必要がある**と考えています。

**探究的な学びに知識は必要ないの？**

　探究に限らず，何らかの学習をする時には，ある程度の知識と体験が必要になります。同じ問いでも，その問いを価値ある問いとして探究できる子とできない子がいます。その差は，既有知識と関連体験にあります。

　次の写真を見てください。ここから何を読み取りますか。
・川が流れている（これは上流だな）
・大きな石がある（石の種類は○○だ）
・植物がしげっている（～という植物だ）
・植物が紅葉していないからきっと夏だな

　このようにたくさん出てくるのは，あなたが川や植物に対する知識を持っているからです。実際に体験をしたことがある人ならば，さらにいろいろな気づきが出てくることでしょう。
　ところが，例えば幼稚園生の場合，こうはいきません。石がある，水が流れている，植物が生えているといった程度でしょう。川と認識できない子も多いでしょう。当たり前ですが，知らないものは見えないのです。
　**探究の４つのプロセスを回すには，ベースとなる知識と体験が極めて重要**です。探究的な学びを通して，理解を深め，知識を構造化していくのです。ベースとなる知識や体験が薄いと，学びも浅くなります。探究的な学びを深い学びへつなげるためには，知識の量というのは大切な要素となります。
　意図的に，知識と体験を蓄積させることが重要です。

探究では教えてはいけないの？

「教えないこと＝探究」でも，「子どもに任せること＝探究」でもありません。基本的な知識・技能は教える。大切なのは，その先です。

インプットさせた知識・技能をいかにアウトプットさせ，そしてフィードバックしてより強固なものとしていくかです。そうした学びこそが探究的な学びです。探究的な学びをすることは，質の高いインプットにもつながります。

探究的な学びの大前提として，習得の場面では，しっかりと知識・技能を教えることが必要です。単元のどの場面で探究をさせたいのか，そのためにはどんな事前知識・事前体験が必要なのかを考え，習得段階の授業をつくっていきます。教師には，一斉授業で効果的に習得させる力も必要です。

私の学校では，より多くの知識を身につけ，定着させるために「e-learning」を活用しています。e-learning を活用して，必要な知識を効率的に記憶できるようにサポートしています。テクノロジーを活用することで，授業での習得にかける時間を減らすことができました。その分を探究的な学びの時間に使っています。

ただ，こうしたテクノロジーには弱点もあります。どんなに優秀な AI でも，「例えること」はできないそうです。知識の定着をサポートすることはできても，知識や概念を理解させることは苦手なのです。

巧みな例えを使って，言葉を理解させることは人の役割です。そして，その先にある概念を構築させるものは体験です。そうした多様な授業を通して，子どもたちは知識や概念，そして学び方を身につけ成長していくのです。

**Q** 探究的な学びにおける板書のポイントは？

　1人1台端末時代に入り，板書の役割も変化してきました。理科においても，実験図や各種資料については，教師が黒板に書くのではなく，予め書いたものやつくった資料を大型ディスプレイに提示することが増えました。提示するだけでなく，授業支援システムを使えば，子どもに配信することもできます。大型ディスプレイに提示するものと，黒板に書くものを分けて考えていくことが必要です。理科授業における板書で大切にしたいことは，2つです。

---

①子どもの思考を可視化し，理解を支援する
②子どもが見通しを持って活動できるように支援する

---

　探究的な学びにおいては，②が重要だと考えています。
　次の写真は，5章にまとめた5年生「物の溶け方」の実践時の板書です。
　大型ディスプレイには，中心となる問いと活動のゴールとルール，今後のスケジュール等が書かれたカードを提示しています。子どもたちの活動に合わせて，資料や子どもが提出したカードの一覧など，提示するものを変化させていきます。
　ホワイトボードの左側には，本時の活動のタイムラインを書いています。追記して，活動における注意点なども書く場合があります。右側には，まとめや振り返りを促す言葉を書いています。写真では何も書いていませんが，考察や振り返りで，意図的に視点を持たせたい時には，キーワードを書いたり，文章の書き出しを示したりもします。

**ディスプレイに表示するもの**

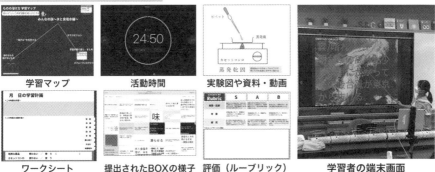

| 学習マップ | 活動時間 | 実験図や資料・動画 | |
| --- | --- | --- | --- |
| ワークシート | 提出されたBOXの様子 | 評価（ルーブリック） | 学習者の端末画面 |

　また，全体で練り上げていく場面では，子どもの意見や考えを記録し，関連づけながらまとめていきます。

　黒板を使って意見交流を行う時もありますが，最近では記録が残るデジタルで行うことが増えました。デジタルで行うことで時間も短縮され，試行錯誤に時間をかけることにもつながります。

　探究的な学びにおける板書の一番の役割は，学習者の学びを支援するということです。**思考を整理し，見通しを持って活動できるように，ディスプレイと板書の効果的な使い方を模索していきたい**ものです。

探究的な学びにおけるノートの役割は？

　探究的な学びにおいて，ノートの役割は重要なものとなります。

　ノートは，学習者にとっては学びを記録し，思考を広げ深めるためのツールです。時には，交流のためのツールにもなります。

　教師にとっては，学習者の学習状況を把握し，内容を見取り評価するためのツールとなります。

　ノートは紙かデジタルかという話をすると，私の授業では，3・4年生は原則として紙のノートを使い，5・6年生は紙のノートでスタートするものの，自分の判断で，デジタルに切り替えてもよいということにしています。3・4年生は，理科学習の流れをつかむこと，何より実体験の時間を最大限に確保するためにそうしています。

　大切なことは，どちらのメリット・デメリットも十分に体験し，その上で学習者が選択できる環境をつくるということです。3年生であっても，1人1台端末時代のいま，全てをノートに記録することには違和感しかありません。写真や動画などのデジタルデータも重要な記録として扱い，紙のノート同様に大切に残していけるように指導すべきだと思います。

　また，より質の高い学びとするために，活動の記録をしっかりと取らせる習慣をつけることが大切です。探究的な学びにおいては，何をどのように記録するかについては，個人に任せることが多くなります。

　だからこそ，習得場面の授業においては，実験結果という**事実を正しく記録し，整理するスキルを指導し，高めていくことが重要**です。そして，集めた事実を解釈する考察活動をくり返し体験させることで，探究的な学びに必要なスキルを高めていきます。

**探究的な学びにおける教材観は？**

　理科における探究的な学びをつくる上で重要な要素の一つが「教材」です。

　理科はどんな学びであっても「教材研究ではじまり，教材研究で終わる」教科です。教科書の教材をベースにしつつ，目の前の子により適した教材を模索していくことが大切です。

　教科書は，児童が理解しやすい教材，教師が教えやすい優れた教材を扱っています。ただ，どうしても弱くなってしまうのが「日常生活との関わり」という視点です。学校や地域の特性，また実社会でリアルタイムに起こっている事柄を，教科書で扱うことはできません。

　子どもにとっては，**より身近な教材ほど，自分事として捉えやすくなります**。学校の環境や地域の特色を活かした教材，またその時に起きている出来事に合わせた教材をつくることで，目的ある問いを見いだしやすくなります。

　例えば，台風が近づいている時は，台風についてより自分事化して学ぶチャンスでもあります。

　また，教科書に載っている教材を子どもの生活と関連付けて見るという視点も大切です。例えば，教科書で紹介されている豆電球や乾電池は，子どもの生活の中ではほとんど見かけないものとなってしまいました。豆電球や乾電池で学習をスタートしつつも，子どもにとってより身近な電気が使われているもの（電化製品など）へと学習をつなげるという視点を持つことで，子どもの興味・関心をもとにした学びがつくりやすくなります。

　目の前の子にとって，最適な教材を選択できるのは担当している教師以外にいません。日頃から，身の回りのものを理科の教材として見るという癖をつけると，おもしろい発見があると思います。オリジナルの教材づくりを楽しんでください。

**探究で学力は上がるの？**

　教育界で，新しい何かを始めようとする時に必ず問われるのが学力です。探究的な学びをすることで，学力は下がらないのか。

　この問題を語る時には，そもそもの「学力観」から考えなければいけません。近年，コンテンツベースからコンピテンシーベースへと学力観のアップデートの必要性が説かれています。

　探究的な学びで大きく伸びるのは，非認知能力です。意欲や協調性，メタ認知，自己肯定感などの力を高めることができます。また，探究のプロセスを回す経験や必要な思考法を身につけていきます。もちろん知識・技能などの認知能力も伸ばすことができますが，単元という短い枠で見てしまうと，従来型の学びと比較して大きな差が出ることはないでしょう。また，それを比較することにもあまり意味を感じません。

　**探究的な学びは，生涯学習をベースに置いた学びです。学びに向かう力を育て，子どもの未来をつくる学び**です。人は，自ら学びはじめた時，大きな力を発揮します。人生100年時代，テストの成績や進学実績という尺度がどれほどの意味を持つのか，改めて議論されていくでしょう。

　ただし，そうは言っても，という気持ちもよくわかります。現状の学校教育におけるテストの重要性もわかっているつもりです。藤原さと氏（2020）の書籍『「探究」する学びをつくる』の帯には「PBLは成績も伸びる」と書かれています。実は，探究やPBLをすることで，学力が上がったというデータはたくさん出されています。私自身も，テストの点数も高めたいという思いは少なからず持っています。探究的な学びを通して，知識と知識をつなげて構造化し，豊かに概念形成をしていくことで，認知能力も高まると感じています。実際の成果については，e-learningを導入していることなど，要因が多岐にわたるので言及は避けますが，一定の成果は出ています。

# 【引用・参考資料】

・栗山重（1981）『栗山重の人間づくり―理科教育70年の実践から』小学館
・吉金佳能（2022）『ICTで変わる理科授業　はじめの一歩』明治図書
・樋口万太郎・宗實直樹・吉金佳能（2021）『GIGAスクール構想で変える！　1人1台端末時代の授業づくり2』明治図書
・ジョン・デューイ［著］，市村尚久［訳］（2004）『経験と教育』講談社
・ジョン・デューイ（1968）「論理学」『世界の名著48　パース　ジェイムズ　デューイ』中央公論社
・レイチェル・カーソン［著］，上遠恵子［訳］（1996）『センス・オブ・ワンダー』新潮社
・チャールズ・ピアス［著］，門倉正美・白鳥信義・山崎敬人・吉田新一郎［訳］（2020）『だれもが〈科学者〉になれる！探究力を育む理科の授業』新評論
・スージー・ボス，ジョン・ラーマー［著］，池田匡史・吉田新一郎［訳］（2021）『プロジェクト学習とは　地域や世界につながる教室』新評論
・ウェンディ・L.オストロフ［著］，池田匡史・吉田新一郎［訳］（2020）『「おさるのジョージ」を教室で実現　好奇心を呼び起こせ！』新評論
・ジョン・スペンサー，A・J・ジュリアーニ［著］，吉田新一郎［訳］（2020）『あなたの授業が子どもと世界を変える　エンパワーメントのチカラ』新評論
・藤原さと（2020）『「探究」する学びをつくる　社会とつながるプロジェクト型学習』平凡社
・竹村詠美（2020）『新・エリート教育　混沌を生き抜くためにつかみたい力とは？』日本経済新聞出版
・苫野一徳（2019）『「学校」をつくり直す』河出書房新社
・梶浦真（2021）『アクティブ・ラーニング時代の「振り返り指導」入門　目的を持ち学び続ける子どもを育てる授業づくり』教育報道出版社
・小林和雄・梶浦真（2021）『すべての子どもを深い学びに導く『振り返り指導』自律的で深く学び続ける力を育てる振り返り指導』教育報道出版社
・高橋純（2022）『学び続ける力と問題解決　シンキング・レンズ，シンキング・サイクル，そして探究へ』東洋館出版社
・市川力・井庭崇（2022）『ジェネレーター　学びと活動の生成』学事出版
・井庭崇・鈴木寛・岩瀬直樹・今井むつみ・市川力（2019）『クリエイティブ・ラーニング　創造社会の学びと教育』慶應義塾大学出版会
・市川力（2021）「みつかる＋わかるスパライラルで探究をデザインする」『探究する教室　授業づくりネットワークNo.39』学事出版
・ターニャ・M・ヴィッカーズ［著］，NPO法人日本サイエンスサービス他［訳］（2015）『中

高生のための 科学自由研究ガイド』三省堂
・鳴川哲也［編］（2019）『小学校理科 指導スキル大全』明治図書
・鳴川哲也・寺本貴啓・辻 健・三井寿哉・有本淳（2021）『小学校 見方・考え方を働かせる問題解決の理科授業』明治図書
・小林辰至（2017）『探究する資質・能力を育む理科教育』大学教育出版
・奈須正裕（2021）『個別最適な学びと協働的な学び』東洋館出版社
・田村学（2021）『学習評価』東洋館出版社
・大前暁政（2021）『本当は大切だけど，誰も教えてくれない 授業デザイン 41のこと』明治図書
・西岡加名恵・石井英真［編著］（2019）『教科の「深い学び」を実現するパフォーマンス評価「見方・考え方」をどう育てるか』日本標準
・文部科学省（2018）『小学校学習指導要領（平成29年告示）解説 理科編』東洋館出版社
・文部科学省（2018）『小学校学習指導要領（平成29年告示）解説 総則編』東洋館出版社
・文部科学省（2018）『小学校学習指導要領（平成29年告示）解説 総合的な学習の時間編』東洋館出版社
・経済産業省（2022）『未来人材ビジョン』
・文部科学省（2010）『今，求められる力を高める総合的な学習の時間の展開（中学校編）』
・山﨑智仁（2021）「評価から考えるプロジェクト型学習（PBL）第1回『評価とは，「隣に座り助言する」こと』」『ブリッジラーニングウェブサイト』https://bridgelearning.jp/assessment-for-pbl-01/

**【本書で示した探究の考え方について強く影響を受けたプログラム】**

・ブリッジラーニング

　学習者中心の教育実践プログラム。第1期生として，2020年9月〜2021年1月の5カ月間参加。学習者中心の学びについての理論を学び，実践力を高めた。

・米国ミッド・パック・インスティチュート PBL デザイン研修

　2020年8月2日間のプログラムに参加。海外の PBL のフレームワークと実践を学ぶ。

# おわりに

　ここまでお読みいただき，ありがとうございました。

　本書を書いているとき，ずっと危惧していたことが2つあります。

　1つ目は，探究を「型」にはめてしまうことになるのではないかということです。当たり前ですが，探究とはそんなに簡単なものではありません。

　決められたルートがあるわけでなく，35人の児童がいれば，35通りの探究があります。それを，問いや学習形態を工夫しただけで実現できるのか。

　浅い理解は，本書でも触れた「探究のための探究」を産んでしまうことになりやしないか，という危惧です。

　本書は，実は「明日からできる探究」をテーマに書き始めました。

　「明日からできる探究なんて探究じゃない。」と言われそうですが，「明日からできなきゃいつまでたってもできない。」というのも真理です。

　結局その言葉は使いませんでしたが，想いは残っています。

　なるべくシンプルに探究を定義し，フレームワークも最低限必要な4要素でまとめました。また，つまみ食いしやすい内容構成にしたつもりです。

　フレームワークという「型」は示していますが，この型は鋳型のような決められたものではなく，空手の型のような基本となるものです。守破離で言えば「守」。探究にはいろいろな考えがあります。私は，主に海外の研究と実践から学んできましたが，日本でも優れた研究と実践があります。どんな考えにも共通していることが「学習者中心の学び」ということです。探究を追い求めるということは，学習者中心の学びを追い求めていることです。

　2つ目は，自然体験の減少につながりやしないかということです。小学校理科において，もっとも大切なことは何か？と聞かれれば，迷わず自然体験と答えます。小学生は，自然と豊かに関わることのできる発達段階です。

　探究をはじめるにしても，自然体験の時間だけは削ってほしくないという

想いがあります。ICTが入ってきた時も，同じ感覚を持ちました。

拙著『ICTで変わる理科授業　はじめの一歩』（明治図書）では，「ICTは実体験を最大化するツール」をキーワードにし，実体験ありきのICT活用を提案しました。

我々人間は，自然の恵みを受けて生きています。自然の尊さや恐さは，唯一自然と関わる中で学ぶことができます。机上の学習では到底学べません。

子どもたちに，自然との関わり方を伝えていくことも，理科教師の使命の一つなのだと思っています。


こうした危惧とは裏腹に，大きな期待もしています。それは日本の教育が「探究」をベースにすることで，もっとワクワクするものになるのではないかという期待です。子どもの学びがプロジェクトベースで構成されれば，子どもはもっと成長できます。そんな未来の為には，１人でも多くの教師が探究的な学びを実践し，子どもの姿で語っていくしかありません。

機会があれば，ぜひ私の学校へお越しください。定期的に公開授業研究会を行っていますし，事前にご連絡いただければ，授業を見学していただくことも可能です。実際の授業をご覧いただき，子どもの姿を通して，本書の続きの話ができることを楽しみにしています。

最後になりましたが，本書を執筆する機会を与えてくださり，出版に至るまであたたかく見守ってくださった明治図書の及川誠氏，杉浦佐和子氏には，大変お世話になりました。この場を借りて，心より御礼申し上げます。

また，理科の仲間には，執筆にあたり多くの助言をいただきました。いつも問いを与えてくれる仲間に感謝しています。

そして何より，本書を手に取ってくださった皆様，本当にありがとうございました。皆様が，子どもたちと幸せな日々を過ごせますように心からお祈りいたします。

2023年1月

吉金　佳能

【著者紹介】

吉金　佳能（よしかね　かのう）

宝仙学園小学校教諭。

1983年茨城県生まれ。同校の理科専科，ICT教育研究部主任。現在は，東京私立初等学校協会理科研究部主任も務める。

「教育は人間づくりであり，その一環としての理科教育」を教育信条とする。

同校の2代目校長であり，理科教育の大家でもある栗山重氏の「教えてはいけない，学ばせてもいけない，学びを支援することが教育だ」へ挑み，子どもが夢中になる学びを追究する実践家。目指す授業は「鳥人間コンテスト」。

「教育×ICT」をテーマとした私立小学校のコミュニティ「192Cafe（いちきゅうにカフェ）」を立ち上げるなど，教育現場全体のICT推進にも尽力。

単著に『ICTで変わる理科授業　はじめの一歩』（明治図書），共著に『GIGAスクール構想で変える！1人1台端末時代の授業づくり2』（明治図書）がある。その他分担執筆，論文多数。


メール　yoshikin.tv2020@gmail.com


［イラスト協力］吉金　幸枝

小学校理科　探究的な学びのつくり方
子ども1人1人に力をつける授業デザイン

2023年2月初版第1刷刊　©著　者　吉　金　佳　能
　　　　　　　　　　　　発行者　藤　原　光　政
　　　　　　　　　　　　発行所　明治図書出版株式会社
　　　　　　　　　　　　　　　　http://www.meijitosho.co.jp
　　　　（企画）及川　誠（校正）杉浦佐和子・関沼幸枝
　　　　　　〒114-0023　東京都北区滝野川7-46-1
　　　　　　振替00160-5-151318　電話03(5907)6703
　　　　　　　　　　　　ご注文窓口　電話03(5907)6668
＊検印省略　　　　　　組版所　朝日メディアインターナショナル株式会社

本書の無断コピーは，著作権・出版権にふれます。ご注意ください。
教材部分は，学校の授業過程での使用に限り，複製することができます。

Printed in Japan　　　　　　　ISBN978-4-18-335920-9

もれなくクーポンがもらえる！読者アンケートはこちらから

## 板書&問いでつくる
# 「社会科×探究」
## 授業デザイン
### 中村祐哉 著

**なぜ?からはじめる探究的な社会科授業5つのポイント**

社会科で子どもが熱中する探究的な学習はこのように実現しよう!単元を見通す問いから,学びの道筋を示す板書,批判的思考力から学びの振り返りまで。単元ごとの授業モデルを,各時間の板書写真と獲得させたい社会科用語,核となる問いと授業展開例でまとめた必携の1冊です。

A5判 144頁
定価1,936円(10%税込)
図書番号 3777

---

## シンキングツールで授業を変える!
# わくわくパフォーマンス
# 課題づくり
### 立石俊夫 著

**子ども熱中!パフォーマンス課題づくり&シンキングツール活用法**

ロイロ認定ティーチャー・シンキングツールアドバイザーが直伝!①ワクワクするパフォーマンス課題づくり②シンキングツールを活用するための課題づくり③パフォーマンス課題,シンキングツール,ロイロノートの3つのアイテムを授業に活かす方法がマスター出来る1冊です。

B5判 144頁
定価2,486円(10%税込)
図書番号 2455

---

# 優れた社会科授業づくり
# ハンドブック
## 型にはまらない多様な授業を創る
### 全国社会科教育学会 編

**理論に裏付けられた「優れた社会科授業づくり」のスタンダード**

授業には「型」はありますが,「型」通りにはいきません。優れた社会科授業づくりにおいて,大切なこととは何でしょうか。型にはまらない授業=授業の型×志×場×術と設定し,多様な教育観(志)と教師の置かれた状況(場),専門的実践力(術)から優れた社会科授業のつくり方についてまとめました。

B5判 160頁
定価2,266円(10%税込)
図書番号 3778

---

# 小学校
# 国語授業の
# つくり方

**ピンポイント解説でよくわかる!**

### 浅野英樹 著

**明日の授業づくりに活かせる!国語授業づくり はじめの一歩**

3領域のポイントから「言語活動」「発問」「板書・ノート指導」「ICT活用」「評価」など授業づくりのポイント,「音読」「漢字」「語彙」「用語」「読書活動」などの活動のポイントまで,小学校国語授業づくりのポイントを事典形式で解説しました。はじめの一歩に最適の1冊です。

A5判 144頁
定価2,156円(10%税込)
図書番号 2197

---

**明治図書** 携帯・スマートフォンからは **明治図書 ONLINE へ** 書籍の検索,注文ができます。▶ ▶ ▶

http://www.meijitosho.co.jp *併記4桁の図書番号(英数字)でHP,携帯での検索・注文が簡単に行えます。

〒114-0023 東京都北区滝野川7-46-1 ご注文窓口 TEL 03-5907-6668 FAX 050-3156-2790

# 学級づくり
## 365日のICT活用術

1人1台端末で変える!

### 宗實直樹 著

**ICT活用でここまで出来る!学級経営365日バージョンアップ**

学級づくり×ICTで,1年間365日の活動はここまでバージョンアップ出来る!学級開きからルールづくり,子ども達とのコミュニケーションから学級アクティビティ,学びの深め方から学校行事まで。「つまずき」をサポートし,「できること」を大きく広げる1冊です。

A5判 224頁
定価2,640円(10%税込)
図書番号 3874

---

**個別最適を実現する!**
# ユニバーサルデザインで変える
## 学級経営ステップアップ術60

### 山田洋一 編著
### 北の教育文化フェスティバル 著

**イラスト解説でよくわかる!UDで変える学級づくりのポイント**

ユニバーサルデザインで学級づくりはこう変わる!個別最適を実現する1年間365日の学級経営のポイントを,1項目2頁の見開き構成でまとめました。学級開きから教室環境,係活動・行事から仕事術まで。イラスト解説で成功のポイントが一目でわかる入門書です。

**1〜3年**
A5判144頁 定価2,090円(10%税込) 図書番号 3315
**4〜6年**
A5判144頁 定価2,090円(10%税込) 図書番号 3316

---

# ICTで変わる 理科授業
## はじめの一歩

### 吉金佳能 著

**学習場面別でよくわかる!1人1台端末時代の理科授業アイデア**

GIGAスクール構想,1人1台端末の導入で理科授業はこう変わる!理科授業におけるICT活用の「はじめの一歩」を,学習場面別のICT活用から,1人1台端末を活かした授業アイデアまで,見方・考え方を働かせる豊富な実践例とともに,わかりやすく解説しました。

A5判 192頁
定価2,200円(10%税込)
図書番号 4325

---

# 伝え方で180度変わる!
## 未来志向の「ことばがけ」

### 宇野弘恵 著

**ことば選びで子どもが変わる!意欲と成長をうながすことばがけ**

子どもの心に届き,成長をうながすには,まず「ことば」から吟味しよう!学校生活の様々な場面におけることばがけについて,具体的なエピソードをまじえながら徹底解説。子どもの意欲や向上心を喚起し,よりよい方向にベクトルが向く,ことばがけエピソードが満載です。

A5判 144頁
定価2,046円(10%税込)
図書番号 2799

---

**明治図書** 携帯・スマートフォンからは **明治図書 ONLINE へ** 書籍の検索、注文ができます。 ▶▶▶

http://www.meijitosho.co.jp ＊4桁の図書番号で、HP、携帯での検索・注文が簡単に行えます。
〒114-0023 東京都北区滝野川7-46-1 ご注文窓口 TEL 03-5907-6668 FAX 050-3156-2790

## 個別最適な学び × 協働的な学び × ICT 入門

佐々木 潤 著

「令和の日本型学校教育」を実現した姿がここにある！

A5 判 192 頁
定価 2,376 円（10％税込）
図書番号 2133

教えやすさから学びやすさへ！「個別最適な学び×協働的な学び」は，相性抜群のICT端末で，より効果的に。個別最適な学び×協働的な学び×ICTを成功させる基礎基本から子ども達への言葉がけ，各教科の授業デザインまでをまとめた授業づくりベースアップの入門書です。

## 本当に知りたい 社会科授業づくり の コツ

澤井陽介 著

なぜ？からはじめる探究的な社会科授業5つのポイント

A5 判 176 頁
定価 2,200 円（10％税込）
図書番号 4359

社会科で子どもが熱中する探究的な学習はこのように実現しよう！単元を見通す問いから，学びの道筋を示す板書，批判的思考力から学びの振り返りまで。単元ごとの授業モデルを，各時間の板書写真と獲得させたい社会科用語，核となる問いと授業展開例でまとめた必携の1冊です。

## 社会科「個別最適な学び」授業デザイン

**理論編**
A5判 192 頁 定価 2,486 円（10％税込）図書番号 3331

**実践編**
A5判 152 頁 定価 2,310 円（10％税込）図書番号 3332

宗實直樹 著

多様な学習形態で実現する！
子どもが主語になる
社会科授業づくり

社会科授業で「個別最適な学び」を実現する14のポイントを徹底解説。子どもの見取りから単元の授業デザイン，問いの吟味から学習の複線化，自己調整学習からICT活用，学習評価まで。社会科における「個別最適な学習」授業づくりのはじめの一歩となる手引書です。

---

**明治図書** 携帯・スマートフォンからは **明治図書 ONLINE へ** 書籍の検索，注文ができます。▶▶▶

http://www.meijitosho.co.jp ＊併記4桁の図書番号（英数字）でHP、携帯での検索・注文が簡単に行えます。

〒114-0023　東京都北区滝野川7-46-1　ご注文窓口　TEL 03-5907-6668　FAX 050-3156-2790